つながる図書館
——コミュニティの核をめざす試み

猪谷千香
Igaya Chika

ちくま新書
1051

つながる図書館
——コミュニティの核をめざす試み

【目次】

プロローグ——恋人と出会える図書館

二〇一三年一月一日。お正月も早々、東京の下町、寅さんの故郷である葛飾区へ向かった。

金町駅で降り、柴又帝釈天への参拝客でにぎわう商店街を抜けてゆく。ただ、今日は失礼して帝釈様にお伺いはせず、歩くこと数分。大きなスーパーマーケットが入っている駅前ビルの三階、目的地の「葛飾区立中央図書館」に到着した。この図書館は、元日から開館している。「この本を無事に書けますように」と願掛けがてら、図書館へ初詣に出かけてみたのだ。

図書館の中へと入ってゆくと、地元から訪れているとおぼしき普段着の人たちが、ゆったりと本を選んでいる。読書席では学生が勉強し、子供の本のコーナーでは親子連れが絵本を読んでいる。外のにぎにぎしい雰囲気を忘れてしまいそうな日常風景があった。

お正月らしいものといえば、カウンター前に設置されたコーナーに「本の福袋」が並んでいることだろうか。「ゴルフ」「ガーデニング」など、図書館があるテーマにそって本をセレクトし、袋に入れてセットで貸し出すという企画。中にどんな本が入っているかは、開けてみてのお楽しみというわけだ。しかも、この福袋は無料（返さなくてはいけないけれど）。元日から得した気分になって、心が弾む。

これまでの区立図書館、いや公共図書館の常識からすれば、元日開館なんて考えられなかった。しかし、葛飾区立中央図書館は二〇一一年末から、月一回の館内整理日と特別整理期間を除き年中無休で開館している。それにしても、どうして元日開館？

後日、問い合わせてみたところ、「この年末年始の開館につきましては、正月休みというまとまった休みのとれる期間に、図書館でゆっくりと調べ物や読書をしたいなどの利用者ニーズに合わせたものです」というお返事。あわせて、柴又帝釈天へ初詣をする人が多いため、訪れる観光客の回遊にも貢献したいと葛飾区の観光案内やマップなどを配置しているという。

葛飾区立図書館が二〇一二年十二月二十九日から二〇一三年一月三日まで、年末年始開館について来館者にアンケートを取ったところ、葛飾区内からの来館者は六割、残りは葛飾区外からだった。利用目的は、「図書館の資料を使わずに、勉強や仕事をするため」（36%）が最も多く、次に「本を借りるため」（29%）と、やはり日常の営みとして図書館を訪れていることがうかがえた。

そして、年末年始開館については「開館したほうがよい」と回答した人が九割だった。学校や会社が忙しい人は、なかなか平日に図書館を利用できない。時間に余裕のある盆暮れ正月こそ、図書館でゆっくり勉強したり、読書したりしたいのだ。元日から開館していれば、なおうれしい。

葛飾区立中央図書館は二〇〇九年、駅前の再開発にともない、立地を活かした「交流」をキーワードにオープンした。ワンフロアの面積が五千平方メートルと都内最大規模を誇る。元日まで開館してくれて、便利できれい。新しく生まれかわった図書館は、地元で愛されているようだった。

最近、あなたの町の図書館でも、葛飾区立中央図書館のようにちょっとした変化が起きてはいないだろうか？　例えば、こんな図書館があなたの町にはないだろうか？

開館時間が延びたり、開館日数が増えたりする図書館。私が元日に訪れた葛飾区立中央図書館だけではない。高原レタスの産地で知られる長野県川上村の川上村文化センター図書館は、二十四時間貸し出し可能だ。夜間開館しているスペースがあり、自動貸出機で本を借りることができる。同じように、山口県の萩市立須佐図書館でも夜間、利用者が個人登録した磁気カードで入館し、本を借りられる仕組みになっているという。コンビニエンスストア顔負けの便利さだ。

なんだ、それだけかと侮ってはならない。本の貸出以外でも、公共図書館はがんばっている。ビジネスや法律の相談ができる課題解決型図書館がそれだ。アメリカのニューヨーク公共図書館によるビジネス支援を紹介した菅谷明子さんの『未来をつくる図書館』(岩波新書)が二〇〇三年に出版、日本の公共図書館にも大きな刺激を与えた。他にもさまざまな機運が高まり、鳥取県立図書館など国内でもニューヨーク公共図書館に負けない図書館が登場している。仕事や勉強、暮らしの中で何か困った時は、図書館に相談すれば少し解決に近づくことができるのだ。

もちろん、気軽な疑問も歓迎。「カンサンジというテレビに出てる評論家、生姜《しようが》みたいな名前の人」の本を知りたいという問い合わせが、福井県立図書館に寄せられた。図書館の回答は、「姜《かん》・尚中《さんじゆん》」。

これは、福井県立図書館が受けた珍レファレンスを「覚え違いタイトル集」としてサイトで公開しているもの。「100万回死んだねこ」(『100万回生きたねこ』)や「衝撃の巨人」(『進撃の巨人』)、「村上春樹のオオサキさんがどうしたとか……」(『色彩を持たない多崎つくると、彼の巡礼の年』)など、真面目なはずの公共図書館のサイトなのに、腹筋が壊れるほど笑える。

奈良県立図書情報館では、本の紹介によるコミュニケーションゲーム「ビブリオバトル」や寄席など、図書館とは思えないほど楽しそうなイベントがいつも開かれている。

サッカーチームを応援する図書館もある。全国にあるプロサッカーリーグの四十チームのうち、ほとんどのチームが地元の図書館と連携しているのだ。例えば、モンテディオ山形と山形県上山市立図書館や鹿島アントラーズと茨城県潮来市立図書館、川崎フロンターレと神奈川県川崎市立図書館などなど。「図書館海援隊サッカー部」と呼ばれる図書館で、選手がおすすめする本を紹介したり、遠征先の地方に関する本を特集したり。本とサッカーの異種コラボを展開している。地元チームの応援へ出かける前に図書館に立ち寄れば、もっとチームを知ることができるかもしれない。

閉館後の図書館は、昼間の図書館とはちょっと違う。子供たちがお気に入りのぬいぐるみを図書館にお泊まりさせ、翌日迎えに行くと、夜の図書館で遊ぶぬいぐるみたちの姿が写真に。一晩さびしかったけれど、ぬいぐるみが選んでくれた本を借り、ぬいぐるみと一緒におうちへ帰る子供たち。アメリカの公共図書館で始まったイベント「ぬいぐるみのお泊まり会」は、日本でも二〇一〇年から広まって各地で人気となっている。

恋人に出会える（かもしれない）図書館まで現れた。二〇一三年四月、大阪市立中央図書館では街ぐるみで合コンを行う街コンを楽しんだ後に、「図書コン」と称した書庫見学ツアーを実施。赤い糸ならぬ、図書館が男女の縁を結ぶ場となった。

こんなふうに、ここ十年ほどの間に全国あちこちの公共図書館で、変わったことが起きている。一九九〇年代、バブルがはじけて不況となり、二〇〇〇年代から地方分権化が進むと、それまでの公共図書館を取り巻いていた環境は一変した。

特に、二〇〇三年に地方分権化の流れから施行された、企業やＮＰＯなど民間組織に運営を委託する「指定管理者制度」は、公共図書館の現場に大きな影響を及ぼしている。一九九〇年代後半から一気に普及したインターネットやデジタル化も、人々の知的環境を激変させ、公共図書館も例外なくその渦中にある。

他方、公共図書館は一九七〇年代から貸出冊数の増加を推進してきたが、同時に「無料貸本屋」という批判も招いてしまっていた。そこで、ただ本の貸出をするのではなく、人々の抱える問題の解決を手助けし、地域を支える情報拠点としての図書館へとシフトしようという政策が立てられ、公共図書館の変革を導いている。そして、町づくりの中核に図書館をすえる自治体も登場しているのだ。

都道府県や市町村が設置する公共図書館は現在、約三二〇〇館にのぼる。図書館や美術館、博物館など社会教育施設について、十六歳以上の男女約一七〇〇人に聞いたところ、直近六カ月の間に何らかの施設を利用した人は、64・5%で、最も使われた施設は図書館(43・2%)だった。次いで、「博物館・美術館」(21・2%)、「公民館」(19・2%)、「動物園・水族館・植物園」(16・4%)となっており、図書館が私たちにとって最も身近な公共施設であることがわかる(二〇〇六年文部科学省「学習活動やスポーツ、文化活動等に係るニーズと社会教育施設等に関する調査」より)。

しかし、私たちは自分の町の図書館以外の図書館に足を運んだことがあるだろうか?かなりの読書家の方を除けば、普通はわざわざ他の町の図書館まで出かけたりはしない。他の町の図書館を知らないまま、自分の町の図書館に満足してしまってはいないだろうか?

この本では、変貌する公共図書館の最前線にあり、私たちがまだ知らない「他の町の図書館」を紹介したいと思う。なぜなら、公共図書館とは、赤ちゃんからお年寄りまで利用者の年齢を選ばず、職業や収入も選ばず、無料で使える稀有な公的施設である。そして、私たちの人生にチャンスを与え、私たちの暮らす町をより豊かにする可能性を秘めている施設でもあるからだ。「無料でベストセラーを借りられる図書館」しか知らない方がいたら、お節介を承知の上で「あなたの人生、損してますよ」と声をかけたい。

どうしてそんなことを思っているのか。では、ご一緒に「他の町の図書館」へ出かけてその現場を見てみましょう。そこでは、人と本だけではなく、人と人をつなぎ、コミュニティの中で新たな役割を担っている図書館の姿が見られるはずだ。

第１章
変わるあなたの町の図書館

繭のような丸くて白いフォルムが印象的な東京都武蔵野市の「武蔵野プレイス」

「住みたい」と言われる図書館――武蔵野プレイス

†人が集まる「広場」を作る

「快適すぎる」「居心地がいい」「おしゃれ」

ツイッターやフェイスブックなどでその名前を検索すると、とても図書館に向けられたとは思えない絶賛が並ぶ。中には、「ここに住みたい！」と言い出す人まで。その図書館とは、二〇一一年にオープンした東京都武蔵野市の「武蔵野プレイス」だ。

「Yahoo! のリアルタイム検索をすると九割以上がお褒めの言葉です。勇気づけられます」と話すのは、武蔵野プレイスの三澤和宏館長。正確には、武蔵野プレイスとは、図書館を中心としたさまざまな機能を持つ複合施設である。武蔵境駅から徒歩一分という好立地にあり、市民をはじめ通勤通学の途中に訪れる人たちで連日、にぎわっている。雑誌でグラビア特集が組まれ、ソーシャルメディアでも話題の図書館を訪れてみた。

駅を降りて歩いていると、ほどなく丸く優しいフォルムの窓が印象的な白い建物が見えてくる。目の前に広がる公園のグリーンとのコントラストがとてもきれいだ。武蔵野プレイスが注目を集める理由のひとつが、この建築にある。

設計を担当した「kwhgアーキテクツ」のサイトに掲載された「メモ」にはこう書かれていた。「武蔵野プレイスでめざしていたのは、ひとことでいえば、『市民の居場所』です。なぜかいつも人が集まっている広場のような場所を建築の力によってつくり出そうと考えていました」

人が集まる広場のような図書館とは。期待を持って建物に入ると、迎えてくれたのは、静かな音楽と開放感のあるエントランスホール。フロア中央、オープンスペースのカフェからは、コーヒーの香りと食器の触れるかすかな音が流れてくる。各部屋の開口部もスクエアではなく、丸みを帯びる。有機的な空間に囲まれていると、大きな繭の中にいるような安心感に包まれる。

ここ一階は、「パークラウンジ」と呼ばれるフロア。約五六〇タイトルの雑誌の最新号と新聞三〇紙が読める「マガジンラウンジ」や、展示ができる「ギャラリー」が配置されている。雑誌はカフェに持ち込み可能で、よりリラックスして閲覧できる。赤ちゃん連れの女性やビジネスマン、高齢の夫婦が、お茶を飲みながらのんびり雑誌や新聞を読んでいた。

カフェで一息。パソコンを開くと無線LANが飛んでいた。仕事のメールに返信し終え、頼んだパンケーキを食べていると、うっかり自分がどこにいるのか忘れてしまいそうになる。しかし、カフェに隣接する自動貸出機と当日返却されたばかりの本が並ぶ棚の存在に気づき、ここは図書館なのだと思い出した。この棚の本は特に人気で、返却されるとすぐにまた貸し出されるという。

二階の「コミュニケーションライブラリー」には、児童書や「テーマライブラリー」として、書店のように分類された生活関連図書が置かれている。二階は一階のざわめきが伝わり、子供たちも少々の音なら出しても目くじらを立てられない。蔵書の中心である一般図書七万五〇〇〇冊は、地下一階の「メインライブラリー」の書架に配置され、こちらでは図書館らしい落ち着いた空間で本を選んだり、閲覧したりできる。そして、地下二階「ティーンズスタジオ」のフロアでは、アートや青少年向けの図書が「アート&ティーンズライブラリー」で閲覧できるようになっている。

「武蔵野プレイス」の１階フロアにはカフェが入り、コーヒーの香りただよう中、雑誌や新聞を持ち込んで閲覧することができる

「ここの一番の特色は、〝にぎやかな図書館〟です。一階のギャラリーではコンサートを開くこともあります。音楽が他のライブラリーのフロアにも聞こえてきますが、ここはそういうところだと皆さんに認識して頂いていますので、今のところ苦情はないです」と三澤館長は説明する。

「にぎやかな図書館」は、普通ではあり得ないものなのだが、武蔵野プレイスの〝常識破り〟はこれだけではない。通常、自治体による複合施設は、機能ごとにフロアが分かれ、管理も分離している。しかし、武蔵野プレイスに持たされた四つの機能は、利用者にとってシームレスな空間として実現している。

その四つの機能とは、「図書館機能」「生涯学習支援機能」「青少年活動支援機能」「市民活動支援機能」だ。「図書館機能」については、地下二階から二階までの四層にわたるさまざまなライブラリーが担っていることは見てきた通り。

では、「図書館機能」以外はどうなっているのだろうか。百聞は一見にしかず。まずは地下二階の「ティーンズスタジオ」をのぞいてみよう。

†地域の課題だった四つの機能

「一般の方は利用することができません」という貼り紙。地下二階は、二十歳以上の大人は使用できないスペースになっている。つまり、子供たちだけの聖域だ。

中央にはたくさんの机と椅子が並び、ティーン向けの雑誌も揃う。このほか、卓球台やサッカーゲーム、ダンスや演劇、バンド演奏などができるスタジオを完備。放課後になれば、小学生から高校生までたくさんの子供たちが集まってくる。テスト勉強をしたり、ゲームや漫画を楽しんだり、他愛ないクラスの話題を友達と話したり、彼らは閉館する午後十時まで、好きなだけここにいることができる（ただし、小学生は午後五時まで）。このフロアは主に、「青少年活動支援機能」の場となっている。

続いて、三階「ワークラウンジ」のフロア。ここは、ＮＰＯなどの市民団体の活動拠点だ。打ち合わせができるテーブルや、チラシや資料を印刷できる工房、市民団体の紹介がまとめられているファイルを閲覧できるコーナーなどが備えられている。これらは「市民活動支援機能」。また、同じく三階には「生涯学習・自由大学事務局」が置かれ、生涯学習に関する窓口となっている。一つ上のフロア、四階には「ワークテラス」として、講座や講演、ワークショップが開催できるフォーラム。これらは「生涯学習支援機能」に位置づけられている。

フロアごとに機能が分かれているように見えるが、「ここは、よくある図書館とNPOセンター、青少年支援センターの合築とは思っていません」と三澤館長は話す。その理由とは？

「例えば、何かイベントがあった時に関連した図書を展示して、生涯学習の支援をするということは日常的にやっています。青少年支援機能と生涯学習支援機能との連携だったら、武蔵野プレイスで市民活動をしていらっしゃる方たちにここに来ている子供たち向けのイベントを開いて頂いたりしています。中心的な機能はスペースから言っても、図書館機能なのですが、いろいろな活動をしている中に市民活動支援機能や青少年支援機能が含まれてくる。複合施設ではなく、複合機能施設という言い方をしています」

これら四つの機能は、武蔵野市の行政課題だった。武蔵野プレイスが建っている土地は、もともと農林省（当時）の施設跡地。「駅前の一等地でしたので、武蔵野市が地域の活性化のための施設を作りたいということで国に要望を出し、一九九九年に取得しました。武蔵境駅から歩いて十五分ぐらいのところに、九万冊の蔵書を持つ市立西部図書館がありました。しかし、もっと広い図書館を駅前にほしいという地域の要望がありました。ですから、武蔵野プレイスを作るにあたっては、図書館機能を中心にすることは最初から計画に含まれていました」

さらに、ＮＰＯ活動支援や青少年支援の拠点が必要という声もあり、学識経験者をまじえて委員会を作って検討、最終的に四つの機能に絞り込まれたという。委員会では、「縦割り行政ではなく、機能に即した管理をすべき」という提案があり、外部へ運営を委託する方針も立てられた。

†司書の能力だけではできないシームレスな運営

そこで、新しい施設の運営を任されたのが、現在の指定管理者である「公益財団法人武蔵野生涯学習振興事業団」だった。この事業団は、一九八九年に武蔵野市から全額出資を受け、「武蔵野スポーツ振興事業団」として発足した。その後、二〇一〇年にスポーツ振興以外にも、幅広く生涯学習事業を展開する「生涯学習振興事業団」へ組織変更。そして、二〇一一年に東京都から認可を受けて公益財団法人となり、武蔵野市の指定管理者として、市内の体育施設の管理を行ってきた実績があった。「委託先をどうするか検討した際、中心的な機能は図書館になるということで、教育委員会が所管する財団法人になったというのが、大きな流れです」と三澤館長は説明する。

武蔵野プレイスの職員数は七〇人。うち正規職員が一八人（武蔵野市からの派遣職員が九人）となっている。職員は常に四つの機能をバラバラにせず、いかに融合させるかを心がけているという。「担当は図書館など分けてはいますが、プレイス事業部の職員として全員で武蔵野プレイスをどうしていこうかという視点を忘れてはいけないと思っています。図書館なら図書館、青少年支援なら青少年支援という個別のサービスはありますが、運営の一体の管理をするという目的からみた時に、機能の融合とは具体的に何なのかを問うようにしています」

オープンから二年。課題もある。「もっともっとアイデアを出さなければいけないと思っています。まだまだ、武蔵野プレイスには可能性があります。色んな機能の担当者が一緒に試すことで、新しいものが生まれるのではないか。それも、市民の皆さんに還元できるものにする。そこが一番、肝心なところと思いながらやっています」

たとえば、図書館は地下二階から二階まで四層のフロアを占めている。これは「わざと図書館を分散させ、ブラウジングしてもらう。ご自分のお目あての本以外のところにも目を向けていただく」ねらいがあるという。「私たちはアクションの連鎖という言い方をしている。気づく、知る、参画する、創造するというアクションの連鎖がこの中で起きればいいなと思っています。ここで何らかの付加価値、自分たちが知らなかった世界に気づいてもらえれば」

武蔵野プレイスは当初、年間七〇万人の来館者が想定されていた。しかし、二〇一二年度はその二倍以上の一五〇万人が来館した。市外からの利用者も多いという。

「この間、ツイッターを見ていたら、『必死に本を探している職員の姿がいい』とつぶやいている方がいました（笑）。もちろん、司書としてのスキルアップは人材育成の観点からやっていますが、武蔵野プレイスの場合は、図書館だけ司書だけの能力では限界があるのではと思います。生涯学習支援や青少年支援などの専門知識やノウハウを蓄積して、スキルアップしていくことが必要です」と三澤館長。図書館であって、図書館ではない。

「なかなか表現できなくて悩んでいますが、ここは『武蔵野プレイス』なんです」

三澤館長の言葉を聞きながら思ったことは、「ＳＮＳみたいだな」ということだった。目的があろうが、なかろうが、時間があったらついアクセスしてしまうのがＳＮＳだ。そこに行けば、ニュースや新しい情報を手に入れることができるし、知り得たことについて、友人や知人と会話を楽しめる。あたかもみんなが集まる「広場」のようだ。そんな居心地のよい空間に身を置くことは、武蔵野プレイスに通うことに似ている気がしてならない。

武蔵野プレイスの来館者を見ていると、若い人たちが多いことに気づく。テレビや新聞から一方的に情報が流されてきた時代から、SNSで情報を送受信しながら交流する時代。図書館に求められるサービスや機能が変わってきても不思議ではない。そう思えば、武蔵野プレイスが今、ソーシャルメディアで絶賛されているのもうなずけるのだ。

第２章
新しい図書館の作り方

長野県小布施町の図書館「まちとしょテラソ」

知の集積地が実現させた「これまでにない図書館」――千代田図書館

†コンシェルジュが本をご案内

公共図書館に対し、「無料貸本屋」という批判は古くからあったが、メディアで取り上げられて広まったのは、この十年ぐらいのことだ。

ちょっとこの問題を調べてみよう。向かったのは、東京メトロ・九段下駅から歩いて数分の場所にある千代田区役所。この建物の九、十階に区立図書館である「千代田図書館」が入っている。オフィス街から近く、夜も平日は午後十時まで開館しているので、仕事帰りでもゆっくり図書館に滞在できる。

カウンターで申し込みを済ませ、「情報探索コーナー」の円形のテーブルに配置されたパソコンで、新聞のデータベースから過去記事を検索してみる。いくつかワードを入れる

東京都千代田区の「千代田図書館」。コンシェルジュが図書館や本の街、神保町について案内してくれる

と、すぐに記事がヒットした。

二〇〇二年四月三十日付の朝日新聞朝刊に掲載された「図書館の無料貸本屋　日本ペンクラブが調査実施」。日本ペンクラブが主要図書館にアンケートを行った結果、『ハリー・ポッターと賢者の石』や宮部みゆきさんの『模倣犯』が都内のある区立図書館では八〇冊も所蔵されていることがわかったという。全国の公共図書館でこのようなことが行われれば、ベストセラーの場合は千万単位の印税を作家側が失っている可能性があると厳しく報じていた。

また、三週間後には同じ朝日新聞にこんな投書を見つけた。「知性を支える図書館の役割」というタイトルで、リサイクル古書店でアルバイトする三十歳の男性が寄せたものだ。彼は自分のアルバイト先では話題のベストセラーが売れ筋だが二カ月もすれば売れなくなる、そんな寿命の短い本を公共図書館が買ったところで借りられるのは最初だけだと訴える。それよりも、高額の専門書を揃えてほしいと。「高額であれば庶民は手を出し難い。だからこそ、図書館にそれを保存して欲しいのだ。公共図書館にベストセラーしかなくなれば、日本の知性は地に落ちる」

ついでに蔵書検索もしてみると、刊行されたばかりの『図書館に通う　当世「公立無料貸本屋」事情』（宮田昇著、みすず書房）という本があった。残念ながらこちらは貸出中で、予約も数件入っている状態だ。でも、すぐに読みたい。そう思ったら、貸出カウンターの反対側にある「コンシェルジュ」のブースへ。千代田図書館の最寄駅から一駅、徒歩でも行ける近所には世界有数の本の街、神保町がひかえている。コンシェルジュにお願いすれば、神保町の新刊書店や古書店のデータベースにアクセスして、どこに行けば入手できるかを案内してくれる。

ここのコンシェルジュは、書店だけではなく、名店がひしめく神保町のおすすめカレー店も教えてくれるのだが、今回は『図書館に通う』の在庫がある書店を聞く。散歩がてら神保町へ行き、お目当ての本を購入、図書館が初めて「公立無料貸本屋」ではないかと問題にされたのは、出版業界紙「新文化」の二〇〇〇年四月二十日号だったと書かれていた。「新文化」の記事は、ある出版評論家によるもので、ある市の中央図書館をやり玉にあげたそうだ。「その図書館の年間の貸出し総数は、二二七万部だという。それに文芸書の平均定価を掛け、それを書籍売上げと見なすと三六億円。さらにその規模であれば雑誌の売上げもおなじぐらいあるとし、七二億円の書店に相当するとした。これは、この地区一番の大型書店の売上げもおよばない金額であるというのである」

この時の「公立無料貸本屋」という言葉が、出版社、書店に広がり、全国メディアに拡散していった様子が『図書館に通う』から知れた。簡単な調べものではあったが、何かをすぐに知りたいと思った時、ストレスなく結果へ辿り着くことができる。それが、私にとっての千代田図書館だ。

✝全国から視察が殺到

「コンシェルジュは、レファレンスとは違ったアプローチで本探しのお手伝いをしています。急に仕事で本が必要になって探しにきたけど貸出中でなかった場合、その本を神保町の新刊書店や古書店のデータベースで探してご案内しています。カウンターには一カ月に一度ぐらいのペースで特集を設けています。たとえば、桜の季節なら千代田区内の桜の名所を案内します。それから、靖国通りにある『本と街の案内所』に平日午後は出張して、神保町のガイドもしています。コンシェルジュは、本の町のことを知るプロでもありますね」

こう説明するのは、千代田図書館の広報チーフ、坂巻睦さん。図書館とは思えないコンシェルジュ以外にもサービスは充実している。打ち合わせに使えるブースや、無線LAN、机、椅子、ホワイトボードが完備されている研修室。携帯電話が使えるコーナーがあり、ペットボトルの飲料水も持ち込める。コンシェルジュが神保町の書店を案内してくれるといったが、他の企画でも地元の古書店と連携している。図書館の一角で古書店が古書の展覧会を開催、展示が終われば利用者は本を購入することが可能だ。

赤く塗り分けられた本棚が並ぶ「調査研究ゾーン」では、本の配架にも一工夫ある。従来の図書館の分類は採用せず、テーマで探しやすいよう独自にジャンル分けして配架している。人気のあるビジネス書が中心で、中でも老舗出版社がひしめく神保町が近いという立地から、出版や書店に関する本を集めたコーナーには業界で働く人がよく訪れているという。

こうしたサービスは、近隣で働くビジネスパーソンが利用しやすいよう、徹底的に設計されている。千代田図書館のサイトにある「あなたのセカンドオフィスに。書斎に。千代田図書館は平日夜十時までご利用いただける、いままでにない図書館です」というキャッチコピーは建前ではない。

驚いたのは、千代田区内在住の保護者に限ってはいるものの、託児サービスまであったことだ。子供一人につき一時間五〇〇円と格安。「図書館内で調査・学習される際に、お子様を一時的にお預かりする託児サービス」だそうで、あくまで「調査・学習」のサポートであることが明記されている。

千代田図書館は二〇〇七年五月のリニューアル開館以後、指定管理者制度を導入。「セカンドオフィス」を標榜する千代田図書館のサービスは、指定管理者によって実現している。公共図書館の運営を指定管理者へ委託する自治体は増えているが、問題点も少なくない。しかし、千代田図書館はその成功例として注目を集めているのだ。開館一年で来館者数が百万人を突破。二〇一二年度の来館者数は六三万人と落ち着いてはいるが、図書館運営のヒントにと、全国から視察が絶えない。

「オープンから三年目ぐらいまでは毎日のように全国から視察の方が訪れていました。行政や自治体の図書館、大学図書館の方たちです。『千代田図書館でなくてもできることはある。うちだったら何ができるのか』。皆さん、そうしたヒントを得られていって、この五、六年で他の図書館もずいぶん変わったような気がします」と話す坂巻さん。前館長の言葉が印象に残っているという。

「昔、図書館は金太郎飴と言われていました。利用者のリクエストを受けて、ベストセラーを揃えて貸し出す。どこの図書館も同じサービスをしていて金太郎飴と同じだと。でも、ここは違う」

坂巻さんは広報として仕事をこなしながら、館内のイベントに参加し利用者の声を積極的に聞いている。「利用者の声を一番聞いている図書館員だと自負しています（笑）。色々なご意見がありますが、皆さんに『居心地がいい』と言って頂けてうれしいです」

†明確なガバナンスのもとにプロが作った図書館

「これまでにない図書館」である千代田図書館。二〇〇八年には、これからの図書館のあり方を示唆するような先進的な活動を行っている機関に対して贈られる「Library of the Year」を受賞、図書館界からも高い評価を得ている。

では、なぜこのような図書館が生まれたのか。そのバックグラウンドをみてみよう。

千代田区は、東京都で最も昼夜人口の差が大きく、夜間の四万七〇〇〇人に対し、昼間八二万人と実に一七倍にもなる。国会議事堂がある永田町や官庁が集まる霞が関は千代田区、大企業が集中する大手町、丸の内も千代田区だ。

さらに、図書館も密集している。国立国会図書館を始め、数々の大学図書館、現在は千代田区に移管されて日比谷図書文化館になっている旧都立日比谷図書館も在所。神保町は言うまでもなく世界有数の本の街だし、出版社も数多い。一ツ橋には国立情報学研究所もある。千代田区は日本一のビジネス街であり、日本一の知の集積地といっても過言ではない。

そうした特異なバックグラウンドを持つ自治体の図書館として、たどり着いた「解」が、ビジネスパーソンに向けた「これまでにない図書館」だった。

「公共機関は、誰にとっても使いやすいサービスを目指しがちですが、ともすれば誰にとっても使いにくいサービスになってしまう。企業では当たり前であるセグメンテーションをきちんと設定して、ひとつずつそれに合ったサービスを提供すれば、結果として誰にでも合ったものになります。一律に、誰にでも同じサービスを提供することとは違う」

そう語るのは、国立国会図書館電子情報部司書監、柳与志夫さん。二〇〇四年九月に国立国会図書館から、千代田図書館リニューアルを成功させるために千代田区図書文化財課長兼千代田図書館長として赴任した人物だ。図書館のプロ中のプロといえる。柳さんが千代田区に赴いた当時、石川雅己区長は区立図書館の改革を目指していたという。

「石川区長はこれまでの図書館に不満があり、リニューアルする際に別のあり方を求めていました。石川区長がどこまで新しい図書館のイメージをお持ちだったかは分かりませんが、ただ、今までのような貸出だけをしていてはだめだと。そこで、専門家として私が行くことになりました。私も国立国会図書館以外の公共図書館は初めてでしたが、以前から、これまでの公共図書館のあり方に不満も大きかったので変えるチャンスだと思い、お引き受けしました」

柳さんは当時を振り返る。二〇〇四年といえば、日本ではブログが定着し、「mixi」や「GREE」などの国産SNSなどのサービスが立ち上がって、情報の発信は既存の組織団体だけのものではなく、個人でも容易になった年だ。人々による情報の送受信は拡大し、現在にいたるまで知的環境を大きく変貌させている。

「これまで図書館は自分が止まっていて、まわりが動いていると思っていました。まわりとは、知識情報の世界です。色々な情報知識基盤を担う施設、機関、企業は他にもあるのに、図書館はまったく孤立していた。特に、最も連携しなければならない出版社と対立している。それでは発展はないです。自分中心の天動説ではなく、世界の一部として自分もまわっているという地動説に意識を変えて活動していかないといけない。知識情報を収集して、誰でもアクセスできて、仕事や生活を豊かにすることに役立つのが公共図書館です」

柳さんが指摘する公共図書館の理想は、多くの図書館人が目指すところだろう。しかし、理想と現実はかけ離れている。なぜか。その理由を柳さんは指摘する。「大半の公共図書館は、行政的には末端の末端にあります。行政は首長の部局があり、その脇に教育委員会があるのですが、当然ながら学校教育がメインストリームで、その脇に生涯学習があり、図書館がある。公共図書館の人がたまに、『行政は理解がない』と愚痴るのに驚きますが、きちんと行政の中で発言をしていかないといけない」

柳さんは図書館長でありながら、区役所内で図書文化財課長も兼任していたことが千代田図書館の改革を成功に導いたという。

「ガバナンスとマネジメントとの関係にもつながってきます。図書館だけではなく、公共施設全体の問題かもしれませんが、ガバナンスの部分が非常に弱い。病院でも福祉施設でも一度作ってしまうと、マネジメントはお任せになる。でも、どういうミッションがあり、どういうゴールがあるのか、行政がきちんと目標設定しないといけません。一旦、指定管理者が決まったら、丸投げしてしまったり、現場の職員にお任せしてしまったりするのが、地方行政の大きな問題です。もし、千代田区の図書館改革を現場の図書館長だけで行おうとしたら、図書文化財課長を説得し、教育委員会を説得し……とトップに行くまでに大変なことになってしまいます」

よく千代田図書館の改革の実現は区の財政状況が良好だから、つまりお金持ちの自治体だったからだ、という指摘がある。千代田区が二〇一三年三月にまとめた「千代田区財政レポート」によると、数値が高いほど財政が健全とされる「財政力指数」（二〇一一年度）は港区、渋谷区に次いで23区でトップクラスだ。千代田図書館自体の予算も、旧図書館よりも増額されてのリニューアルだった。

しかし、柳さんはこれを否定する。「お金があってできることと、できないことは確かにありますが、お金がなくてもできることはある。お金がない自治体でもないなりに改革をやろうと思えばどこでもできます。首長の強い意志と図書館長がラインに直結していることです」

†指定管理者制度導入のメリット、デメリット

千代田図書館は、図書館における指定管理者制度導入の成功例といわれている。指定管理者制度とは、二〇〇三年に地方自治法が改正され、それまでは地方公共団体が出資する法人に限定されていた運営委託が、営利企業やＮＰＯ法人などにも代行させることができ

るようになったもの。長引く不況で自治体の財政が悪化し、図書館予算は軒並み削減される中、運営コスト削減のために指定管理者制度を導入する図書館は増えている。

しかし、指定管理者制度導入に疑問を呈する図書館関係者は少なくない。日本図書館協会はこれまで、繰り返し指定管理者制度導入を批判してきた。二〇一〇年に出された「公立図書館の指定管理者制度について」という声明には、こんなふうに書かれている。

「司書集団の専門性の蓄積、所蔵資料のコレクション形成は図書館運営にとって極めて重要なことですが、これは一貫した方針のもとで継続して実施することにより実現できます。図書館は設立母体の異なる他の図書館や関係機関との密接な連携協力を不可欠としています。さらに図書館は事業収益が見込みにくい公共サービスであり、自治体が住民の生涯学習を保障するためにその経費を負担すべき事業です。こういった点からも図書館は、地方公共団体が設置し教育委員会により運営される仕組みは極めて合理的です。

民間において図書館の管理を安定して行う物的能力、人的能力を有した事業者があるか、指定期間が限られているもとで事業の蓄積、発展ができるか、経費節減により図書館で働く人たちの賃金等労働条件に安定性を欠く事態が招来しないか、など指定管理者制度にある本質的ともいうべき問題点があります」（「日本図書館協会の見解・意見・要望」二〇一〇

年三月一日）

柳さんも当初は指定管理者制度に対して懐疑的だったという。柳さんは、指定管理者導入を検討するために二〇〇五年、外部の関係者、有識者でつくる「区立図書館における指定管理者制度導入に関する研究会」を発足させている。半年以上の議論をふまえ、導入に消極的だった柳さんは目指すサービスを実現させるためには直営よりも指定管理者制度を導入した方がメリットは大きいと判断した。

「指定管理者制度には、二つの問題があります。一つめは制度的な問題で、収益を上げる施設ではない図書館でも、がんばったらそれなりにお金が投入される仕組みを作らないと発展していきません。図書館への評価、行政として図書館をどう運営するかフィロソフィーがなければ、指定管理者制度を導入してもうまくいかないです。二つめはマネジメントの体制の問題です。ボランティアのグループがＮＰＯとなって指定管理者となる地方の図書館が出てきていて、直営の頃よりもうまくいっている例もある。自治体では指定管理者制度を新手の全面委託の制度としか思っていない人が多く、それに対する批判は正しいと思います。しかし、それは指定管理者制度だからではありません。あくまで運営次第。その区別はしないといけない。だめな直営も少なくないですから」

指定管理者制度導入の経緯を含め、千代田図書館の改革については柳さんの著書『千代田図書館とは何か　新しい公共空間の形成』（ポット出版）に詳しいので、もっと知りたい方はそちらをひもといて頂きたい。

千代田図書館から、どんなヒントが得られるだろうか。「公共図書館の今後のあり方はさまざまですが、一つは『無料貸本屋』を絶対にやめる。情報、知識の世界は広いので、関連機関と連携する。もう一つは、知識や情報を生み出す場になるということです」と柳さんは断言する。

例えば、一見、便利なサービスばかりが並ぶ千代田図書館が地道に取り組んでいるのが、旧図書館時代からのコレクションである「検閲本」の調査研究だ。戦前、すべての出版物は内務省での検閲が義務づけられていた。検閲の結果、何らかの問題があって、発禁処分となった本も少なくない。千代田図書館には当時、実際に検閲官がチェックに使用した本、「内務省委託本」が二三〇〇冊も残されていた。ページには、検閲官の線引きやコメントが生々しく残され、中には個人的な感想も書き込まれているものもある。これらの本を調査することにより、謎が多い検閲の実態に迫ることができる。

「研究者の方たちのコミュニティを作って資料を使った研究をして頂き、その結果を図書館で展示、情報発信しています。これは千代田図書館だからできたというわけではなく、どの地域でもできることです」と柳さん。千代田図書館の改革は、日本の公共図書館にとってある確かな方向を示しているのではないだろうか。

公募館長のもとに町民が作った図書館――小布施町　まちとしょテラソ

†図書館が必要かを住民が選ぶ

東京都千代田区の「千代田図書館」が、明確なガバナンスのもと図書館のプロが作った、首都のビジネスパーソン向けの先鋭的な図書館だとしたら、公募で決まった館長のもと町民が作った、地方の小さな自治体の図書館がある。

千代田図書館が二〇〇八年に受賞した「Library of the Year」を二〇一一年に受賞した、長野県小布施町の「まちとしょテラソ」だ。

小布施町は、人口たったの一万一〇〇〇人。「平成の大合併」と呼ばれた市町村合併の嵐の中、自立の道を選び、長野県内で最も面積が小さな自治体となった。その規模は、町役場を中心に半径二キロ以内にほとんどの集落が入ってしまうほど。しかし、近年は自立路線の延長線上にある町づくりが奏功し、年間一二〇万人の観光客が訪れる町となっている。その町づくりの中核を担っているといえるのが、「まちとしょテラソ」だ。ここに来れば、誰もがわくわくしてしまう——今度はそんな図書館を訪ねてみよう。

長野県北部、長野市から車で三十分ほど走れば、小布施町に到着する。近くを流れる松川がもたらす酸性土壌が栗の栽培に適していたため、栗の名産地として古くから知られ、江戸時代には幕府に上質の栗を献上していた。さらに、江戸時代後期には千曲川の流通が盛んとなって交易でにぎわい、経済の要衝となっていた。

栄えるこの地に足しげく通い、逗留していたのが晩年の葛飾北斎だった。北斎を招いたのは、小布施の豪農豪商だった髙井鴻山。北斎を始めとする文人墨客を招待してはサロンのような文化的交流を行っていた。小布施町の人をもてなし文化を尊ぶ独自の気風は、そんなところから育まれてきたのかもしれない。

北斎の足跡が多く残る小布施町では、北斎をメインとしたブランディングによる町づくりが昭和五十年代から取り組まれてきた。小布施を訪れると、北斎の美術館「北斎館」や、近接する「髙井鴻山記念館」を中心に修景整備された美しい町並みが迎えてくれる。小布施駅から歩いて一分のところに建つのが、二〇〇九年にオープンした「まちとしょテラソ」だ。

高い天井、低めの書架。真っ白な柱が上に近づくと枝のように分かれ、なだらかなカーブを描く天井を支えている。大きく切り取られたガラス窓から惜しげなく陽光がふりそそぎ、館内を明るく照らす。まるで美術館のような建築は、旅行口コミサイト「トリップアドバイザー」の「死ぬまでに行きたい世界の図書館15」にも選ばれた。

この図書館の生い立ちは、少し変わっている。もともと小布施町には、役場の庁舎三階に図書館があった。エレベーターがなかったために利用しづらいという声が寄せられ、もう二十年以上前から新図書館構想が持ち上がっていたものの、予算面から計画は頓挫していた。大正十二年開館という、長野県下では二番目に古い歴史を持つ図書館だったが、デジタル化という時代の波が押し寄せても、パソコンも入らずにカードで本を検索するような旧態のままだった。

しかし、二〇〇四年に現在の市村良三町長が「新図書館構想」の公約を掲げて当選すると、風向きが変わる。市村町長は町の老舗企業「小布施堂」の副社長だった。市村家は高井鴻山の系譜に連なり、町の修景整備の中心を担った。行政のトップと町づくりを進めてきた民間が一体となっているところにも、小布施町のユニークさはある。

開放的な空間のまちとしょテラソ（撮影　大井川茂）

市村町長はまず、本当に新しい図書館が必要か町民に問いかけた。町民を巻き込んでの勉強会を立ち上げ、議論を重ねた。三階にある図書館を機能はそのままで一階に降ろせばいいのか。それとも、まったく新しい図書館を作るのか。もちろん、反対派もいた。一〇〇人ほどの町民が何回も議論した結果、町民の間で新図書館建設賛成派が上回り、プロジェクトが本格的に走り出す。

新図書館の建設が決まっても、主導権は町民にあった。二〇〇七年に町民を中心とする新図書館に関心のある有志五〇人が、「図書館建設運営委員会」を発足させた。町の歴史に詳しい長老や子育てをしている主婦、自営業者、図書館が好きな学生など、多彩なメンバーが集まった。その一人が、映像作家の花井裕一郎さんだった。「まちとしょテラソ」の初代館長となる人だ。

花井さんは東京でテレビ番組のディレクターや映像作家として働いていたが、取材で訪れた小布施町に魅せられ、二〇〇一年に移住していた。委員会で館長を公募することになった時、思いきって応募した。花井さんは司書ではないし、図書館で働いた経験もなかったが、「町づくりのための図書館には演出家が必要」と手を挙げた。全国から集まってきた候補者二一五人は図書館経験者が多かったが、館長の座を射止めたのは花井さんだった。

「僕を採用したのは、小布施町にとっては、冒険だったんじゃないですか」と笑うが、一利用者に過ぎなかった自分が選ばれたのは、「図書館に新しい価値をつくり出すことが期待されていたから」と感じているという。

では、町民から選ばれた館長は、どのように新しい図書館を作っていったのだろうか。

†図書館をどうやって「演出」する？

館長が決まり、新図書館準備室が設置された。その後、開館までの二年間、町民たちはひたすら会議の連続だった。花井さんは図書館立ち上げのことを書いた著書『はなぼん』（文屋）でこう明かしている。

「図書館建設運営委員会が一八回、幹事会一三回、建築部会六回、運営部会六回、電算化部会一〇回。小布施町民が新図書館にどれほどの関心と期待を寄せていたのかがよくわかる」。そして、すべての会議で町民の意見は最大限に尊重されたという。

館長と同時に、建築の設計者も公募されていた。隈研吾さんや伊東豊雄さんら世界的な建築家がファイナリストに名を連ねたが、遮る壁のない巨大なワンフロアの設計を提案してきたナスカ一級建築士事務所代表、古谷誠章さんが選ばれた。新図書館のコンセプトは、

「学びの場」「子育ての場」「交流の場」「情報発信の場」という四つの柱からなる「交流と創造を楽しむ、文化の拠点」。そのイメージに近かったのが、古谷さんの案だった。

しかし、図書館建設運営委員会では、古谷さんの設計に対して町民からさまざまな要望がつきつけられた。当初よりワンフロアというプランだったにもかかわらず、「どうしても仕切られた小部屋がほしい。そうでなければ絵本の読み聞かせができない」と異論をとなえた女性がいた。読み聞かせをオープンな空間でやれば、他の利用者も集まってくるのでは。小部屋を作ってしまっては、設計のコンセプト、ひいては新図書館のコンセプトにも差し障りが出てくる。

意見が対立してしまい、会議の場がギスギスする中、花井さんは休憩時間、その女性に小部屋がほしい理由をあらためて訊ねてみた。すると、女性は「絵本の読み聞かせを盛り上げるために、部屋を暗くしてロウソクの明かりで演出してみたい」というアイデアを語ったのだ。どう図書館を「演出」していきたいのか。花井さんはそこをポイントに、町民の意見をまとめて町側と調整していった。

こうした町民との話し合いは順風満帆だったわけではない。近年、自治体と住民が町づくりのワークショップを行い、協働するスタイルが全国でも広がってきているが、意見が対立したり、バラバラになってしまったりすることは多々ある。これをまとめあげるのに必要なのが、中立の立場で物事を進めるファシリテーターだ。ところが、そのファシリテーターであるはずの花井さんは当初、新しい図書館へのイメージが湧く一方で、町民との温度差も感じてしまっていた。

「やっぱり図書館は静かに読書をする場所だ」「イベントは他の施設で行うべきだ」。従来の図書館像を求める意見が根強く、花井さんの熱意は空回りしていた。悩む日々。ついには「自分が図書館長になったこと自体が間違いだった」とまで思うようになる。しかし、小布施町の行政コンサルタントだった人が、相手の話に耳を傾け、受け止めることで話した人自身が課題解決の糸口を見つけるコミュニケーション術を実践しているのを見て、原点に戻ることができた。

「『町民が主役の図書館』。この大切な目標を、僕は見失っていた」と『はなぼん』で花井さんは回顧している。町民みんなの思いを受け止めるために、花井さんは奔走した。そもそも、交流を促すためのワンフロアの構造は、静かな空間という従来の図書館像と相反する。これらをどう両立させるのか。花井さんは長野県南部の下條村立図書館の視察からヒントを得た「タイムシェアリング」を紹介した。

下條村立図書館では、大人たちは子供たちが訪れ賑やかとなる昼間を避けて利用していた。特に図書館からお願いしたわけではなく、自然の流れでそうなったのだという。花井さんは「ルールありき」ではなく、利用者を信じることにした。町民たちもこれに納得、今のようなストレスのない伸び伸びとした図書館が誕生したのだ。

町民と行政をつないだ花井さんの苦労は実を結び、オープン直前、旧図書館から新図書館へ本を引っ越しさせる際には、町民たちが総出で手伝ってくれた。小中学生から定年退職した人たちまで、バケツリレーのように本が運ばれていったという。

こうした行政と住民の話し合いは、手間ひまがかかる。ともすれば、決裂してそのプロジェクト自体が空中分解する危険性もはらむ。しかし、図書館は老若男女、誰でも使える最も開かれた公共施設だ。行政は利用者のニーズに応えた方がよりよい施設を作ることができるし、利用する町民も自分たちの意見が反映された施設ならばより大切に思ってくれるだろう。

ましてや、ソーシャルメディアがこれだけ発達した現在、行政が密室の会議で物事を進めることはもはや難しい。だとしたら、時間はかかるかもしれないが、ソーシャルメディアを活用するがごとく、地域の人たちの声を集め、方向性を一歩一歩確かめながら、前に進める方法が図書館づくりには有効なのではないだろうか。

第5章で詳述する佐賀県の「伊万里市民図書館」では、二〇年ほど前からそれを実行してきた。労を惜しんで拙速に行政だけで図書館を作るのではなく、まちとしょテラソのように、地域の人たちとの「協働」で図書館を作る。そうした流れが今、全国の公共図書館で確実に起きている。

「まちとしょテラソの主人公は町民、僕たちは黒子。いかに主人公が引き立つか、どれだけすごい演出ができるか」と花井さんは笑顔で語る。

新しい図書館には読み聞かせや体操などができる全開放型の「多目的室」が設けられたが、「館長室」はなかった。公募で決まった館長の席はエントランスのすぐわき。公募で決まった建築家が設計した図書館全体を見渡せる席となった。やはり、公募で決まった名称「まちとしょテラソ」が掲げられた新しい図書館は、どこまでいっても町民が主人公なのだ。

†「人情」の貸出システムで町中を図書館に

そうして無事にオープンした、まちとしょテラソ。静かなラジオの音楽が流れ、町ぐるみでさまざまなイベントも行われる場となっている。

　イベントのひとつが、二〇一二年秋から始まった図書館を中心とする「まちじゅう図書館構想」。自宅やお店の玄関先などのスペースに本棚を置いてもらうというもので、町角に「本がある」場を通じて、人と人をつなげることがねらいだ。カフェや酒屋など二〇カ所近くに本棚が設けられ、五年で町中に一〇〇の本棚設置を目指している。ちなみに、貸出のシステムはコストがかからず、操作も簡単。「人情」が搭載されており、友達と遊ぶ約束をする時のように、いつ返却するか貸す人と借りる人が決めることになっている。

　一方、図書館のバックヤードでは何が行われているのだろうか。活動の軸のひとつがデジタルアーカイブだ。まちとしょテラソは、町に伝わる文化財や美術作品はもちろん、町作りのために働いてきた〝町民〟まで、デジタルアーカイブ化している。

「文化財に指定されたら残るかもしれませんが、そうではない生活文化は消費されて消えてゆく。でも、実はその中にその土地のコミュニティにとってとても大事なものが含まれています。それを町民レベルで伝えてゆく必要がある。それができるのは、情報が一番集まる図書館なのではないかと思いました」と花井さん。町民による小布施町調査隊を組織して取材し、コンテンツをデジタル化、アーカイブを作る構想を練った。

しかし、新しいプロジェクトになかなか町の予算はおりてこない。当初、もらえたのはたった五〇万円。それでも諦めずに花井さんはデジタルアーカイブの将来像を分厚い企画書に書き、デジタルアーカイブへの理解を深めるための勉強会を町民と一緒に開いていたところ、幸運が訪れた。二〇〇九年の自民党・麻生政権時に、小布施町へ一億四〇〇〇万円が交付された。この中から、撮影機材とシステムのために一千万円を得ることができた。

現在、まちとしょテラソが手がけている主なデジタルアーカイブは、「小布施正倉」や「小布施人百選」など。「小布施正倉」では、小布施町に伝わる文化遺産のデジタルアーカイブを二〇一一年から公開している。きっかけは、文化庁が開設しているデジタルアーカイブ「文化遺産オンライン」に小布施町の文化財を登録してほしいというオファー。申請して一五〇万円の予算がついたが、独自のサイトを持つことが登録の条件だったため、すでにデジタルデータを持っていた「髙井鴻山記念館」と「おぶせミュージアム・中島千波館」という町内の施設から許可を得てデータベース化、「小布施正倉」として公開している。

「小布施人百選」では、小布施のまちづくりに携わったご高齢の町民のオーラルヒストリーを集めた。いわば、〝町民のデジタルデータ化〟。講座を開催し、他の町民も一緒に話を聞きながらインタビュー撮影をする形式をとった。個人情報が多いため、映像は公開されていないが、一部をテキスト化して、館内貸出のiPadで閲覧できるようになっている。

「最初にインタビューした方がすこし前に、亡くなりました。町で親しまれていたパン屋さんで、そのインタビューのテキストをお葬式で配ったら、『あいつは、こんなことまで考えていたのか』とみんな驚いていらっしゃいましたね。参列した町民の方から電話がかかってきて、『いい仕事だ。どんどんやれ』とほめられた」と花井さんはふりかえる。

✝来館者数が七倍に

「来館者数を以前の三倍にする」。これが市村町長から初代館長の花井さんに要求された任務だった。結果は七倍。予想を上回る人たちが、まちとしょテラソを訪れている。

二〇一二年の年間来館者数は一四万五三一五人。これは年間二万二三六〇人という二〇〇七年の旧図書館時代に比べると大幅増となっている。

それから、意外な効果もあった。二〇一二年一二月の小布施町議会でこんな答弁がされた。

「新しい図書館のもたらす経済的効果をどのように評価していますか」という町議からの一般質問に対し、教育長はこう答えている。

「ご質問の図書館による経済効果は、余り考えてはおりませんが、あえて言えば入館者数から観光消費を推察いたしますと、視察者から見まして、四八四人掛ける一人三〇〇〇円を使用していただいたと考えますと約一四五万二〇〇〇円と、計算ではそのようになります。また、入館者から計算をいたしますと、その入館者の10％が町外からのお客様と考えますと、先ほどの数字一二万二五九二人の一割で、お一人三〇〇〇円といたしますと、約三六〇〇万円ほどになるかと思います」

町で人気の図書館は、町外からのお客さんをも呼び込み、町の活性化に一役買っているようだった。まちとしょテラソが「交流と創造を楽しむ文化の拠点」として機能し、まちづくりに貢献していることは間違いない。

二〇一三年九月に東京オリンピック招致の最終決戦をかけ、招致委員会がＩＯＣ総会に臨んだ際、滝川クリステルさんのスピーチで「おもてなし」という言葉が注目を集めた。「おもてなし」効果か、二〇二〇年のオリンピックは東京が選ばれた。このニュースを聞いた時、小布施町を思い出していた。

私が新聞社で働き始め、新人記者として赴任したのが、一九九七年の長野市だった。翌年に冬季オリンピックをひかえ、県外から国外から大勢の人たちが押し寄せていた。彼らに「おもてなし」をしたのが、小布施町だった。国際オリンピック委員会のメンバーや世界の人たちが小布施町を訪れ、そのホスピタリティに感銘を受けているのを何度も見た。

そういえば、小布施町は晩年の北斎がわざわざ江戸から何度も通った土地でもあった。古くから「交流と創造を楽しむ、文化の拠点」であった小布施町で、まちとしょテラソが誕生したのもうなずける話だ。

「図書館法がいうように、情報収集したら、情報発信しなければ。そこにエンターテイメントを入れて、面白がってもらえれば、きっと地球の裏側にあるブラジルにも届くと思っています。日本の小布施町って面白いと思ってもらえるコンテンツにしたい」とは花井さんの言葉。まちとしょテラソは小布施町が世界に誇る図書館なのだ。

花井さんは、二〇一二年に館長の任期を終え、図書館や美術館、博物館などの文化施設がワクワクする場となるような運営支援や地域の活性化を手伝うNPO法人「オブセリズム」を設立。現在、まちとしょテラソのような図書館が他の町でも実現するよう、全国を飛び回っている。そして、現在はまた公募で選ばれた館長がまちとしょテラソを引き継いでいる。

人口たったの一万一〇〇〇人の町が作り上げたこの図書館。あなたの町に存在しても、何ら不思議ではないのだ。

第３章

「無料貸本屋」批判から課題解決型図書館へ

「鳥取県立図書館」のエントランスにはビジネス支援や法律関係のチラシが置かれているが、その豊富な量に驚かされる

鳥取県内を走る知の大動脈——鳥取県立図書館

図書館は本だけを貸し出す場所と油断していてはいけない。必要とあれば、こんなものまで貸し出してしまう。

†米粉のベーカリーを貸し出した図書館

「米粉のベーカリーを貸し出します」

長野県の原村図書館は、二〇一三年二月から三月にかけて、米粉のパンが焼けるベーカリー四台を、レシピ本とともに貸し出した。原村のサイトによると、米粉とはうるち米やもち米を細かく粉にしたものの総称で、うるち米を粉にした上新粉や、もち米を粉にした白玉粉などがあり、だんごや和菓子などに利用されてきた。近年は、従来の米の粉を更に細かく製粉する技術が開発され、パンやケーキなど利用が拡大しているという。

原村では二〇〇九年度からこの米粉の栽培と普及に力を入れてきた。「原村こめっこクラブ」という普及団体を設立、米粉のオリジナルレシピ作りやさまざまなイベントにも取り組んでいる。そこで図書館でも、「原村では米粉の生産に取り組んでおり、現在約10ヘクタールで米粉用あきたこまちを生産しています。しかし、生産が増えても消費が拡大しなければ、値段は下がってしまいます」として、「持続可能な農業生産をめざして」という関連書籍を集めたテーマ展示を実施、米粉普及に一役買うことになった。

それだけではない。原村こめっこクラブから米粉のベーカリーを借り受け、レシピ集とともに貸し出したところ、人気が殺到。二月、三月で二三人が利用したが、四月になっても貸出予約に一八人が列を作り、さらに貸出を求める声が上がったことから、結局五月まで貸出予約受付けを延長した。

このユニークな原村図書館の試みは、この十年で全国に広がりつつある図書館による地域の課題解決のためのビジネス支援の一例だろう。ビジネス支援を行ってきた図書館として、秋田県立図書館、浦安市立図書館、東京都立図書館、神奈川県立川崎図書館、大阪府立中之島図書館などがよく知られている。

たとえば、秋田県立図書館は地元企業と籾殻製の素材を開発、実際に絵本コーナーに使用している。他にも籾殻製のパネルで製作されたパソコンの台を館内に設置。図書館によるビジネス支援の成果が目に見える形となっているのだ。また、秋田県湯沢市の農家の人が、秋田県立図書館にある古文書でサクランボの歴史などを調べ、サクランボのブランド化の際に必要なイメージを作ったという例もあった。

二〇〇〇年に設立された「ビジネス支援図書館推進協議会」では、ビジネス支援サービスに必要なスキルを身につけるための「ビジネス・ライブラリアン講習会」を定期的に開催、人材育成に努めている。こうした専門技術を持つ司書が増え、全国にビジネス支援図書館が広がった側面もある。

しかし、中にはビジネス書や就職活動に関する本を置いたコーナーを作っただけでビジネス支援をうたう図書館も少なくない。また、一般にもまだ図書館がビジネス支援してくれるということの認知は十分に広まっていない。岡山県商工会議所連合会が県内の企業を対象に行った調査によると、ビジネスで図書館を利用したことがない企業は六割を超えていた。図書館を利用しない理由として、「インターネットの方が便利」や「習慣がない」などが挙げられたという（二〇一〇年五月十七日付山陽新聞）。

本当に図書館よりもインターネットの方が便利でビジネス支援に効果があるのだろうか。

図書館が本気を出したら、どこまでできるのか。二〇〇四年からビジネス支援に取り組み、公共図書館界きってのビジネス支援図書館である鳥取県立図書館を訪ねてみることにした。

†図書館に入らずに悩みが解決できる図書館

もしも、あなたが夫婦関係に終止符を打つ決意をしたら、まず何をするだろうか。慰謝料、養育費、財産分与。ただ離婚届を出すだけでは済まない問題が山積しているのだ。あなたは、インターネットで何か解決方法を見つけられないか検索するかもしれない。あるいは、親しい友人に相談するかもしれない。親しい友人にも言えなかったら、弁護士事務所を訪れるだろうか。いずれにしても、あなたの悩みを解決してくれるまでに、時間とお金がかかることは間違いない。

ところが、鳥取市にある鳥取県立図書館を訪れてみたら、もしかしたら最短で解決方法を得られるかもしれない。しかも、図書館に入らずにして。鳥取県立図書館を初めて訪問した人は、まずその玄関に圧倒される。正確には「玄関に」ではなく、「玄関に置かれたおびただしい数のチラシ」だ。そのうちの一枚に、「トラブルを抱え、お悩みの方へ　図書館で情報収集してみませんか?～離婚～」と書かれたものを見つけることができる。

チラシには、『悩む前に知っておきたい離婚の手続き』や『女性のための損をしない離婚の本』といったわかりやすい本や『離婚後に養育費＋慰謝料・財産分与を確実に払わせる法』といったやや専門的な本まで、さまざまなタイトルが紹介されていた。県内の相談機関も案内されている。

「交通事故に遭ったとき、起こしたとき」「インターネットトラブル」「多重債務」「ストーカー」「不当解雇」など、「離婚」以外にもこの「トラブルを抱え、お悩みの方へ」宛てたチラシは充実している。

「離婚について、何も知識がなく弁護士のところに相談へ行ったら、三時間かかり三万円も払わなければならないかもしれない。でも、離婚の時には何を解決しなければならないか問題点を整理してから行けば、三〇分五〇〇〇円で済むかもしれない。そこで図書館は役立つのです。ここに書いてあるような悩みは、カウンターでは質問しづらい。だから、図書館の入り口に回答を置いているんです」

そう説明するのは、鳥取県立図書館支援協力課課長、小林隆志さん。ビジネス支援図書館推進協議会の理事も務める有名なビジネスライブラリアンだ。この玄関には、小林さんたち鳥取県立図書館の司書が選りすぐったチラシ二〇〇種類以上が、棚にぎっしり並べられている。

たとえば、毎月第二水曜日に開催されている日本政策金融公庫による創業・融資相談会や、毎月第二日曜日の中小企業診断士による相談会、毎月第二火曜日の特許相談会の案内。これらはすべて、図書館で行われている。これ以外にも地域の情報が満載のチラシばかりだ。

「ある時、図書館で就農相談会を開くことになりました。それまではIターンを狙って、大阪あたりで相談会を行っていたのですが、県内でも初めてやることになった。そこでチラシをここに置いたところ、一一組の方が来ました。新たに農業を始める方が年間五〇組だった当時、これは大成功だと言われました」。以来、図書館が仲介して、倉吉や米子でも開くことになったという。

「それが図書館の価値です。つまり、いろいろな人が訪れ、いろいろな情報が揃っています。新しい情報と人がクロスし、出会える。うちの図書館には一日一〇〇〇人が来館しますが、田舎で毎日、農家の人も公務員もサラリーマンも、男性も女性も、子供からおじいさんおばあさんまで、あらゆる人が情報を集めに来る。他にこんな場所がありますか？」

†図書館がビジネス支援に本気を出したら

玄関だけで、これだけの情報が得られてしまう鳥取県立図書館。当然ながら、そのビジネス支援は説明会や相談会を開くだけに留まらない。聞けば聞くほど、ビジネス支援に取り組む鳥取県立図書館の本気度に驚かされる。

館内へ奥深く進むその前に、なぜ鳥取県立図書館はビジネス支援に注力し始めたのだろうか。話は十年前にさかのぼる。

「二〇〇二年に就任した館長が、司書の資質や年間一億円を超える資料費を見て、もっと図書館の機能をアップしてそれを県民に知ってもらおうとしたところから始まりました。当時、ビジネス支援図書館推進協議会も立ち上がり、うちの職員も参加して、鳥取県では何ができるのか？　と考え始めたのが翌年からでした」

その年に採用された駆け出しの司書が小林さんだった。鳥取県立図書館では一年をかけて検討し、右も左もわからない中、「ビジネス支援をやるぞ」と上司に言われて資料を集め、勉強した。二〇〇四年からビジネス支援を本格的にスタートさせるが、「結局、東京都立図書館や国立国会図書館と同じことを鳥取県で考えても仕方ない。地方ならでは、鳥取県ならではのビジネス支援をしなければ」と大きく舵を切った。「ビジネスという言葉はサラリーマンのみの支援に聞こえますが、鳥取県の場合は、農家の方や学校の先生を応援することも、公務員を支えることも、若い人たちの就職支援もビジネス支援の範疇で考えています」

限られた予算の中で、すべての資料を揃えることはできないが、鳥取県の産業に関するさまざまな資料を集めるように心がけている。例えば、鳥取県東部にはＬＥＤ関係の企業が四〇社ほどあるが、ＬＥＤの市場調査のために二〇万円もするような資料を購入、惜しみなく貸出も行う。

「田舎の方が情報貧乏になりがちです。ネットで充分な情報が入手できるとは限らず、国会図書館に通ってみられる人とそうではない人の情報格差は大きい。僕は東京出張の際には、利用者の方から受けた依頼を国会図書館に調査しにいきます。飛行機代七万円でも、二〇〇万円分の資料を見て必要なところをコピーして持ち帰ってくることに価値がある。それだけ情報とは貴重なものです」

鳥取県立図書館のビジネス支援を受けた成功例として知られているのが、「シャッターガード」だ。風雨などからシャッターを守るためのもので、鳥取市の企業、沢田防災技研

●鳥取県立図書館のビジネス支援でシャッターガードができるまでが漫画化された。

まんが制作　阿部有軌／ラ・コミック

が開発した。「ものづくりの過程で、図書館が最後までお手伝いすることは実際にはあまりありません。事業計画の最初の段階でサポートするなど、全体が一〇〇だったら一の部分です」。シャッターガードの開発では、シャッターの市場動向や台風に関するデータなど基礎的な資料を鳥取県立図書館が提供した。

普通の図書館なら話はこれで終わったかもしれない。そこからが、ビジネスライブラリアン小林さんの本領発揮だった。鳥取県産業技術センターの研究員や国民生活金融公庫（当時）の融資課長など商品開発や起業を手助けしてくれる人たちを紹介したのだ。無事に商品が完成、その強さは全国的に話題となり、二〇一三年には特許庁長官賞を受賞した。受賞のポイントは、鳥取県立図書館をはじめ鳥取県産業技術センターや鳥取大学などの産学官による連携体制を構築したことだった。

「ものづくりをしている人の悩みは、本を読んでいるだけでは解決しない。本だけ揃えていて、ビジネス支援が成立するということはありません。資料情報のサポートは図書館ですが、知識経験や制度ルールのノウハウを持っているのは県商工労働部や産業支援機関、商工会議所です。情報も必要だし、それを知識経験でアドバイスし、制度でサポートすることが全部あいまって課題が解決する」

そこで、ビジネス支援図書館に求められるのは、悩んでいる人を確実に「プロ」へつないでいくことだという。「技術情報で悩んでいる人がいたら、県産業技術センターの研究員につないで課題解決する。起業するのにお金を借りたいという人だったら、日本政策金融公庫につなぐ。普通の人にとっては敷居が高いし、何をやっているかよくわからなくても、図書館の司書が紹介すれば安心して相談に行ってくれる。ですから、産業支援機関とのお付き合いはとても大事です。最終的には司書は人脈がないとビジネス支援はできないと思っています」

†ビジネス・ライブラリアンの育て方

司書の仕事は、図書館で本を管理するだけではないのだ。鳥取県立図書館では、ビジネス支援図書館推進協議会のビジネス・ライブラリアン講習に職員を参加させ、これまでに一五人近くが専門研修を受けている。また、国立国会図書館や専門図書館の視察も欠かさない。

「専門図書館との関係はとても大事だと思っています。例えば、農業だったら農林水産研究情報総合センター、貿易だったらジェトロ・ビジネスライブラリー、機械産業だったら

ＢＩＣライブラリ。うちの図書館とは違う資料や人脈を持っています。こうした専門図書館と連携して、色々な情報を得ることが公共図書館にとっても大事です」

聞き慣れない専門図書館の名前を一気に話す小林さん。「農林水産研究情報総合センター」とは、茨城県つくば市にある農林関係試験研究機関兼国立国会図書館支部農林水産省図書館の分館として、国内外の農林水産分野の学術雑誌や農林水産省刊行物、図書資料が揃う図書館だ。「ジェトロ・ビジネスライブラリー」は、東京と大阪にある日本貿易振興機構（ジェトロ）の国際ビジネスの専門図書館。そして、「ＢＩＣライブラリ」は東京にある機械振興協会の専門図書館で、機械産業を中心としたビジネス情報の提供やビジネス支援を行っている。

ビジネス支援図書館推進協議会では、公共図書館とこうした専門図書館の〝お見合い〟をしている。二〇一二年にもお互いの連携を深めるため、「産学官民情報ナビゲーター交流会」を開催、情報交換を行った。もちろん、仕掛けたのは小林さんだ。「専門図書館は首都圏に集中していて、地方からでは不便ですが、メールや電話でレファレンスを受けてもらえます。専門図書館にとっても全国の公共図書館を支援することになり、お互いの存在意義が上がるのです」

県内の関係機関のみならず、全国に人脈を作り、情報集めに奔走する鳥取県立図書館。ここの司書を務めるのは、さぞやハードなのではないですか？　と思わず訊ねてしまった。「究極のＯＪＴ（オン・ザ・ジョブトレーニング）だと思っています。うちの司書になったら、外に出ろ、人脈を作れと言われます」と笑う小林さん。「でも、そういう司書じゃなければ、いらないと言われる時代です。図書館にとって『良い司書』が理想的なのは当たり前。もしも、鳥取県立図書館が指定管理者を導入するとしたら、僕たちが『良い司書』ではなく、民営に負けたということです。本当に『良い司書』かどうかは試していただくことにしても、それぐらいの気持ちで取り組んでいます」

†鳥取県にはりめぐらされた知の大動脈

鳥取県立図書館は、「日本一の県立図書館」と称される。これからの公共図書館のあり方を示唆する先進的な活動を行っている機関を表彰する「Library of the Year」の第一回め（二〇〇六年）の大賞を受賞。また、二〇一二年に慶応義塾大学糸賀研究室が全国の公共図書館を対象に実施した調査で、国立国会図書館に次ぎ、「活動が優れているから」という理由で注目されている図書館の二位に選ばれている。この本を執筆するにあたり都道府県立図書館へお願いしたアンケートでも、他の図書館からの注目度が高かった。

その秘密はどこにあるのだろうか。玄関のチラシからでもわかる豊富な蔵書や情報か。鍛えられた司書によるビジネス支援か。それとも、利用者目線に立った本の配架か。

鳥取県立図書館のフロアは、仕事に必要な資料やデータベースが利用者にわかりやすく配置されている。中でも目を引くのは、「働く気持ち応援」というコーナーだ。リーマンショックが起こり、鳥取県でも派遣切りなどでかなりの人が職を失った。その時、図書館で何か支援できることはないかと考え、設置されたのがこのコーナーだった。『働くって何?』というテーマにかかわる本をはじめ、セクハラやパワハラ、うつ病など雇用に関する本がずらりと並ぶ。

図書館らしくないのは、資格取得のための問題集も揃えたことだ。こういう類いの問題集は賞味期限が短い。翌年には無駄になってしまうかもしれない資料であるため、通常の図書館は買い渋るのだという。

「でも、本当に図書館ができることがあるなら、やらなければと相談して決めました。実際、とても使われて、『図書館のおかげで資格が取れました。ありがとうございました』とカウンターに言ってこられた方もいらっしゃいます。図書館は時代、時代で変化する部分もあります。少なくとも、就職が社会問題と言われないようになったら、問題集を買うのはやめます」と小林さんは説明する。

しかし、鳥取県立図書館の真価は、バックヤードにこそあると思った。この図書館の年間図書購入費は、一九九七年から一億円を超えている。現在、都道府県立図書館としては全国で四位という。東京都、岡山県、大阪府に続く。

ただ、最新のベストセラーを大量に買っているわけではないことは、これまでも述べた通り。地域の産業振興に必要と思われる、一〇万円、二〇万円もする高価な専門資料を購入しているのだ。蔵書数はおよそ一〇〇万冊。開架だけ見ているとぴんとこない数字だが、地下の書庫には開架の四倍にあたる八〇万冊の蔵書が控えている。

では、鳥取県立図書館のバックヤードをのぞいてみよう。ある部屋では、職員が本の荷解きに追われていた。県内の他の図書館から返却されてきたところだった。二〇一二年度には年間四万四〇〇〇冊の本が市町村立図書館へ貸し出されている。また、ある部屋では、ところ狭しと棚が並び、本が仕分けされていた。これらの本はこれから鳥取大学や県内の高校、病院などに発送されるものだ。午前一一時までにリクエストを鳥取県立図書館に送れば、午後三時には宅急便で発送されて翌日には届くシステムになっている。

「例えば、鳥取大学は図書購入費が一億五〇〇〇万円あります。しかし、うち一億二〇〇〇万円が電子ジャーナルやデータベースに費やされ、書籍は三〇〇〇万円しか買えない。その足りない部分を県立図書館でサポートしているのです。鳥取大学の学生は本当にこの本をよく使っていますよ。だから、返却ポストも鳥取大学に置いてありますよ」と小林さんは話す。

県内の研究機関や試験場にも本は届けられる。「あるところは図書購入費が二〇万円。ゼロの機関もあります。これでは県の産業を発展させるような研究開発をしろといっても無理です。そこを県立図書館がまた支える仕組みを構築中です」

本を送るだけではない。鳥取県立図書館の注目を集めている活動のひとつが、交差点を隔てた対岸に位置する「鳥取県庁内図書室」だ。県庁の一部屋に地方自治に必要な文献を配架している。本を借りるというより、県庁職員が調査をするための図書室になっている。二〇一三年は開室八年目にして、一五〇〇人程度の県庁職員のうち、調査目的の利用者の実数が一二〇〇人を超えていたという。

また、二〇一三年八月にリニューアルした米子市立図書館にも、「鳥取県立図書館ビジネス図書コーナー」を開設した。米子市立図書館のビジネス支援コーナーに鳥取県立図書館の所蔵する専門性の高い資料を置き、これまで遠方でなかなか鳥取県立図書館まで足を運べなかった利用者の利便性を高めている。

本のみならず、十月からは鳥取県立図書館の司書が赴き、マーケティング調査資料でデータベースなどを活用し、ビジネスシーンでの様々な課題に対する情報収集のお手伝いをする「ビジネス情報相談会」を毎月第三金曜日に開催している。

「一口に県の産業を支えるといっても分野も業種も多い。本当のビジネス支援は、市町村の図書館が自分の地域にあった産業を支えるのがベストです。でも、市町村では資料を揃えることが難しいため県立図書館がサポートしたいと思っています」

鳥取県立図書館とはつまり、鳥取県にはりめぐらされた知の大動脈なのだ。あらためて、小林さんは語る。

「ビジネス支援図書館の基本的な機能です。他の図書館でもビジネス支援が当たり前になったら、あえて鳥取県立図書館が言わなくてもいいのかもしれないですね。『図書館は俺が困っているのを助けてくれる場所だ』と思ってもらえるかどうか。もっと、自分たちの存在を皆さんに知って頂かないといけません。それが、図書館界の最大の課題です。今まで図書館を使ったことがない人たちにも届くように。ただ、本を借りられる場所というのはもう当たり前で、図書館でこんなこともできるんだと知ってもらえればと思っています」

では、鳥取県立図書館のような攻めの図書館がなぜ登場したのか。その背景を探っていきたいと思う。

新しい公共図書館の〝種〟を蒔く

†オホーツク海沿岸の小さな町が「図書館」を考える

オホーツク海に臨む北海道北東部の雄武町。人口約四九〇〇人、真冬には流氷がたどり着く極寒の白い地に、新しい図書館を作ろうかという話が持ち上がった。現在の町立図書館は、一九七三年建築の郵便局舎を改築した建物を利用、閲覧スペースや駐車場が狭く、蔵書は三万八〇〇〇冊を超えるにもかかわらず、図書収容能力は二万冊程度と飽和状態にある。

雄武町では二〇一二年、多くの課題を抱える図書館のあり方について話し合うため、町民からの公募も含めた関係者で構成する「雄武町図書館を考える会」を設置した。雄武町のサイトで公開されている「雄武町図書館を考える会」の記録をみてゆこう。キックオフとなった五月二十四日の会議で、教育長がこんな発言をしている。

「建設ありきという考え方ではなく、色々な皆さんの意見を頂戴して、新しい図書館が必要であるということならば提言をいただきたい。また、現在の図書館を色々な方法・方向性の中で改修をしながら運営していくのも一つという意見もあれば、そういう意見を町に提言していきたいと思っています」

行政による建設決定を前提にするのではなく、町民が望む図書館像をまず描こうというところからスタートしている。そこへ、アドバイザーとして招かれたのが、慶応義塾大学文学部の糸賀雅児教授。図書館情報学の専門家で、今、全国に増えつつある新しい公共図書館の〝種〟を蒔いてきた一人だ。

普通、人は地元の図書館を使うことはあっても、わざわざ近隣の市町村立図書館や、より大きな都道府県立図書館まで足を運ぶことはあまりない。つまり、自分の地元以外にはどんな図書館があるのかを知らず、他と比べようがないために、地元の図書館はどのような姿が望ましいのか話し合おうとしても、イメージがつかみにくいのだ。

そこで、糸賀教授はまず、六月二九日に開かれた二回めの「雄武町図書館を考える会」で「まちづくりと図書館」というテーマで講演を行った。全国の事例を紹介しながら、図書館は地域で一番人が集まる公共施設であることや、地域を支える人材を育てることのできる施設であることなど、図書館が秘めている可能性を説いた。

この講演を受け、「雄武町図書館を考える会」ではその後、ワークショップも行っていった。自分たちの図書館が抱える問題点を洗い出し、そこから「私のつくる図書館」「どんな図書館をつくりますか」というイメージを出し合う。ワークショップを重ねるうちに、メンバーが考える図書館は、「繰り返し使うような施設、リピーターが多くなるような施設」という「理想像」にまで高まっていった。糸賀教授はこうした過程で随時丁寧に具体的なアドバイスを行った。

「雄武町図書館を考える会」の議事録からは、町の人たちが当事者意識を持って、初めて町の図書館について考えていく様子がとてもよく伝わってくる。教育委員会では二〇一三年七月にこの議論をとりまとめて、町長へ「これからの雄武町図書館のあり方について」という提言を行った。公開されている提言を読むと、最先端の奇を衒った図書館というよりも、子供からお年寄りまでが集う居心地のよい、交流の場としての図書館を町の人々が望んでいることがわかる。提言では新図書館の建設を示唆しているが、実際、雄武町に新しい図書館ができるかはまだわからない。しかし、この町の人々が、図書館というものの存在に対して、これまで考えもしなかった可能性を見出したことは、もしかしたらこの町の歴史を変えるきっかけになるかもしれないと言ったら、大げさだろうか。

糸賀教授はこの年、何度もこのオホーツクの町に通った。東京から雄武町へ行くには、通常なら羽田空港から一日一便だけ運航している飛行機で、オホーツク紋別空港まで飛び、そこから車で一時間ほど走る。しかし、この直行便が飛ばない冬期は、千歳空港で飛行機を乗り継いでオホーツク紋別空港まで飛ぶ。それでは遠回りだと考えた糸賀教授はついに訪問三回目、女満別空港まで飛び、自らレンタカーを運転して雄武町を目指した。「慣れない雪道を二時間ぐらい運転して行きました。図書館のために」と笑う。

実は今、各地でこうした動きが増えているのだ。地域の公共図書館を再発見し、あるべき姿へと変えたい。そういう要望を持つ人々は少なくない。そうして、糸賀教授は全国津々浦々で呼ばれ、図書館について意見を聞かれたり、アドバイスをしたりする日々を送ることになる。

「他の地域で良い図書館があることを知った人たちが、どうしてうちの町の図書館は古ぼけて使いづらいのかということに気づく。それまでは、それが図書館の当たり前の姿だと思っていたから、違和感も要望もなかった。でも、各地で良い図書館が作られるようになると、みんなが関心を持つようになり、うちの町にも良い図書館が欲しいと言い出すようになった。良い連鎖が生まれています」

そして、糸賀教授が次にアドバイザーとして関わることになったのは、やはりオホーツク海に面し、世界遺産の知床を抱える斜里町である。この町でも、新図書館の建設をめざし、町民を交えた協議の場が設けられている。

†図書館員のバイブル『市民の図書館』が目指したもの

「良い図書館」を増やすため、全国を奔走する糸賀教授の多忙な日々は、糸賀教授自らが蒔いてきた〝種〟が芽吹き、成長した結果でもある。その〝種〟とは、「課題解決型図書館」だ。近年、全国の公共図書館が変わり始めた背景には、十年以上前から文部科学省や図書館界が打ち出してきた政策や指針が大きく関わっている。「課題解決型図書館」もそのひとつである。

長らく、公共図書館は「利用者数」や「貸出冊数」を伸ばすことを目標としてきた。もちろんそれ自体は、多くの公共図書館で現在も推進されていることだし、「良い図書館」の指標のひとつかもしれない。

岡山県立図書館は二〇〇五年度から七年連続、全国の都道府県立図書館の中で来館者数と個人の貸出冊数が全国一位だった。それを報じた共同通信の記事（二〇一二年八月三十日付）によると、担当者は「新刊本の七割を購入し続けており、豊富な蔵書が要因では。今後も、お客様目線を実施していきたい」とコメントしている。

この「お客様目線」という言葉は一見、何気ないように聞こえるが、図書館が意識してきたものだ。その源流は一九七〇年に日本図書館協会が発行した『市民の図書館』にある。この本は長年、公共図書館の職員にとって「バイブル」と言われてきたもの。その「はじめに」で掲げられている三つの目標は明快だ（一九七六年五月一日増補版）。

「市民の求める図書を自由に気軽に貸出すこと」「児童の読書欲求にこたえ、徹底して児童にサービスすること」「あらゆる人々に図書を貸出し、図書館を市民の身近かに置くために、全域にサービス網をはりめぐらすこと」

これらの目標に向かって、どのように取り組んだらよいかが、『市民の図書館』には書かれている。「いま、市立図書館は何をすべきか」の章を開くと、この本を執筆した図書館関係者たちの熱い思いがよくわかる。当時、図書館は「特殊なインテリか、学生だけのもののように思われて」いた。そうした現状を打破し、市民に広く使ってもらえるには何をすべきかを強く、高らかに訴えている。

「われわれは『市民は本を読まないし、本を読む人は図書館を相手にしない』などということをもう言わないことにしよう。いったいわれわれはどの程度のサービスをしていて、こんないいわけを言っているのだろうか。(中略) せめて人口の10%、20%の人が本を読み図書館の登録者になることは、図書館の努力でできないはずはない。それでも80%、90%の人が図書館とは無縁な人なのである!」

そうして、教養のためだけの読書から、市民のニーズに応え仕事や生活のための読書へと図書館側の意識をシフトすべきだとしている。しかし、貸出冊数の増加を目標とすれば、「無料貸本屋」になることではないかという批判もあった。

これに対し、『市民の図書館』は、またも明快に答えている。「図書館もまず貸本屋くらい市民に親しまれる存在になってから批判すべきだというべきだろう」。そんな批判にひるまず進め、ということだろうか。かくして『市民の図書館』の最もわかりやすい部分である貸出冊数の増加という目標が、全国の公共図書館には浸透していった。

余談だが、『市民の図書館』の執筆には、図書館界では著名な、東京の日野市立図書館初代館長の前川恒雄さんが携わっている。日野市立図書館は一九六五年に「移動図書館ひまわり号」のサービスからスタート。買い物かごを提げ、下駄履きで利用できる市民の図書館を標榜し、市立図書館の先駆例として歴史に名を残している。

現在の日野市立図書館は、有川浩さんの人気小説『図書館戦争』でも重要な図書館のモデルとして登場している。作中では、表現の自由を規制する「メディア良化委員会」に同調した政治結社が、公共図書館のシンボル的存在であった「日野市立図書館」を襲撃。多数の職員が死亡する「日野の悪夢」という事件が発生する。この事件をきっかけに、図書館を防衛するための「図書隊」が組織され、タイトルのような「図書館戦争」が展開するというストーリーだ。

開かれた市民のための図書館を目指して戦ってきた日野市立図書館の歴史を知れば、図書館のために命を賭した『図書館戦争』中の日野市立図書館のエピソードと重なり、小説がまた深く楽しめる。日野市立図書館の奮闘については前川さんの著書『移動図書館ひまわり号』(筑摩書房)に詳しいので、ご興味ある方はぜひ一読を。

†文科省の政策に出現した「解決型図書館」

さて、『市民の図書館』が一途に目指したように、一九七〇年代以降、公共図書館は図書館側の努力もあって、館数も利用者数も貸出冊数も増えていった。全都道府県に公共図書館は設置され、そこそこの規模の自治体なら図書館を備えているという時代を迎えた。

しかし、右肩上がりだった日本経済も一九九〇年代にバブル崩壊で低迷、一九九〇年代後半からインターネットが一般に普及し始め、二〇〇〇年代からは小泉内閣による地方分権化が進められるなど、公共図書館の運営や情報環境は激変した。これを受け、図書館の政策も大きく変わってきた。

文科省のサイトには「図書館の振興」というカテゴリーが設けられ、図書館についての国の政策や方針などがまとめられている。ここを探してゆけば、全国の公立図書館が何を基準に運営されているかがわかるようになっている。

文科省による方針の中で、これまでにはなかった「課題解決型」という言葉がはっきりと記されたのは、二〇〇五年にまとめられた、「地域の情報ハブとしての図書館（課題解決型の図書館を目指して）」という報告書だ。

これは、文科省内に設けられた「図書館をハブとしたネットワークの在り方に関する研究会」がまとめたもので、当時の小泉内閣が進めていた地方分権による地域の自立や活性化および、役所や学校、そのほか公共施設を高速ネットで結ぶことなどを掲げた二〇〇三年の「e-Japan戦略Ⅱ」構想などを背景に、あらためて高度情報化社会に即した地域の公共図書館のあるべき姿を描こうというものだった。その報告書を少しひもといてみよう。「全国に設置されている公立図書館は、地域社会における情報蓄積及び情報発信の拠点として、地域公共ネットワークに積極的に参画することが期待されている。更には、インターネットによる情報収集やeラーニングの普及に見られるように、生涯学習においてもICTの活用の可能性が広がりつつあることから、公立図書館には、地域住民の多様な生涯学習活動を推進していくうえで、主要な担い手となることも求められている」とし、「このような文脈においてあらためて公立図書館の役割をとらえ直してみると、自立した個人の育成と公共心を共有する市民社会を効率的・効果的に実現していくことが、その役割の一つに位置づけられるのである。すなわち、地域の自立を促す21世紀型社会にあって、『知』を循環させる拠点として、多種多様な資料や情報が集積する公立図書館を〝ハブ〟とした地域公共ネットワーク整備が必要不可欠なものとなる」と述べている。

では、公立図書館が「ハブ」となるためには、何が求められるのだろうか。研究会では、「課題解決型の公共図書館」を提案している。そして、地域で想定される課題への支援として、「ビジネス支援」「行政情報提供」「医療関連情報提供」「法務関連情報提供」「学校教育支援（子育て支援含む）」「地域情報提供・地域文化発信」が挙げられている。地域や地元の人々が抱える課題の解決を図書館で支援していこうと明確に打ち出したものだった。

†「課題解決型図書館」誕生への道筋

もちろん、「課題解決型図書館」が突然、ふってわいたわけではない。文科省の「地域の情報ハブとしての図書館（課題解決型の図書館を目指して）」より以前に、図書館界に萌芽はあった。例えば、二〇〇四年から東京都立図書館では、ビジネス支援サービスや医療情報サービスを行っていたし、大阪府立中之島図書館でも、ビジネス街という立地を活かし、ビジネス情報提供窓口を設けていた。

また、日本図書館協会では二〇〇一年、「図書館による町村ルネサンス　Lプラン21」という政策提言を出している。公立図書館のない人口過疎の町村を情報過疎にしてはならないという目的のもと活動してきた日本図書館協会の町村図書館活動推進委員会が各地の図書館関係者を委員に作成したものだ。この時、国から地方自治体への図書館建設補助金の廃止や自治体再編によって激変した町村図書館のあり方を見直している。

これからの政策として提言されたのは、二十一項目。そのひとつに、「地域の課題解決能力・政策立案能力を高める」があった。地方分権の推進により、町づくりに対し一層の責任が増す行政と住民の双方に情報の面からバックアップするべきだとしている。

二〇〇四年には、文科省と日本図書館協会が「ディスカバー図書館2004　図書館をもっと身近に暮らしの中に」というイベントを共催。鳥取県立図書館が全国的に有名なビジネス支援図書館へとシフトするのを支えた当時の片山善博知事や、二〇〇三年に『未来をつくる図書館』（岩波新書）という著書で、ニューヨーク公共図書館のビジネス支援を紹介したジャーナリストの菅谷明子さんが講演した。このイベントは、読書家で知られた俳優、児玉清さんや本上まなみさん、千葉県浦安市立図書館館長を務めた常世田良さんらもまじえ、思い思いに新しい時代の図書館像を語り合った。

実は、「Lプラン21」を提言した日本図書館協会町村図書館活動推進委員会の委員長の任にあり、「ディスカバー図書館2004」のイベントを仕掛け、「地域の情報ハブとしての図書館（課題解決型の図書館を目指して）」をまとめた研究会の主査を務めていたのが、糸賀教授その人だった。糸賀教授は二〇〇二年三月、「都政新報」の対談で、すでにこれからの図書館像として「課題解決型施設」へのシフトを明言している。（『都立図書館は進化する有機体である』ひつじ書房二〇〇三年）

糸賀教授は二〇〇一年にも、全国の公立図書館の基準となる「公立図書館の設置及び運営上の望ましい基準」の策定に関わっている。これは、長らく空白だった図書館法（昭和二十五年法律第一一八号）第十八条の「公立図書館の設置及び運営上の望ましい基準」を定めたもので、市町村立図書館のサービスとして「成人に対するサービスの充実に資するため、科学技術の進展や産業構造・労働市場の変化等に的確に対応し、就職、転職、職業能力開発、日常の仕事等のための資料及び情報の収集・提供に努めるものとする」と明記している。

「この基準の策定に関わった時、文化教養型図書館から課題解決型図書館へということをかなり意識して作りました。それから、『Lプラン21』や『地域の情報ハブとしての図書館』も広まって、課題解決型図書館が普及していきました」と糸賀教授は振り返る。

†地方分権一括法で訪れた図書館の危機

「課題解決型図書館」への舵が切られた裏では一体、何が起きていたのだろうか。先程も述べた通り、バブル崩壊や地方分権化政策により、公共図書館の環境は大きく変化していた。糸賀教授はこう語る。

「ひとつには、バブル経済が弾けた一九九〇年以降の低成長時代、場合によってはマイナス成長の時代に入り、自治体予算がどこも削減され、図書館予算も削減されたこと。もうひとつは、『図書館館長は司書の資格を持っていなくてもよい』という法改正が一九九九年に成立したことです。これは、地方分権を推進するために『地方分権一括法』という、地方自治にかかわる法律を一括して改正しようとしたもので、その中で図書館法の13条3項が削除されました」

削除された13条3項とはこういうものだった。「国から補助金の交付を受ける地方公共団体の設置する公立図書館の館長となる者は、司書となる資格を有する者でなければならない」。もちろん司書の専門性を重視する図書館界からは反発が相次いだが、この改正案は難なく成立してしまう。地方を豊かにするはずの地方分権化が、はからずも自治体の図書館のあり方を問うことになってしまったのだ。

「ただ、これには補足の説明が必要です。小泉改革によって国が地方自治体に対して出していたハコモノを作る補助金はなくなりました。補助金がないのに基準だけ残っているのはおかしいということで削除された」と糸賀教授は話す。

「さらに、館長は司書でなくても務まるということを、全国知事会や全国市長会など地方六団体側から言われ出しています。いろいろな人材を図書館長に活用したいのに国の規制があってできないと。地方に行くと、司書資格を持った人材は必ずしも多くないのが現状です。だったら、削除した方がいいという声が上がりました」

地方分権を進めるための政策。その中で起きたことだったが、別の懸念も持ち上がる。「司書資格を持つ専門家でなくてもいい」という〝規制緩和〟は、図書館長の次は職員にも及ぶのではないか？

「私は司書資格がなければできない仕事を作りださなければ、職員も司書資格はいらないと、どんどん後退していってしまうと思いました。その頃、日本の図書館は一九七〇年の『市民の図書館』以来、貸出が大事だという路線だった。ところが、貸出は機械で自動的に手続できてしまう図書館がどんどん増えていく時代に、それが司書としての生命線、大事な仕事であると言って今までと同じ仕事をしていたら、その仕事の重要性をアピールするにしても説得力がありません。だったら、司書でなくてはできない仕事を図書館の中に作らなければいけない。それが課題解決型図書館でした」

専門知識やノウハウを持った司書は、その図書館の生死を握るといってもいい。地域のことをよく知り、図書館が所蔵する本や雑誌、資料について熟知している司書なら、地域や住民たちが抱える課題を解決するためのコンテンツを発信できる。糸賀教授はそう考えたという。そしてこれは、『市民の図書館』以来、根強くあった「無料貸本屋」批判に対する「解」でもあった。

†図書館を武器に暴力団と戦った女性

「課題解決型図書館」の姿を探るために、糸賀教授ら研究者や図書館関係者は文科省から依頼を受けてアメリカへ視察にも行っている。案内に立ったのは、後に『未来をつくる図書館』を出版して脚光を浴びるジャーナリスト、菅谷明子さん。ニューヨーク公共図書館などを視察し、ビジネス支援が行われている現場をつぶさに見てきた。では、糸賀教授が当初、構想した課題解決型図書館とは、どのようなものだったか。

「日本では、地域の課題がそれぞれ違います。都会の課題と地方の課題も違う。その地域に暮らす人たちにとっての最適解、それを導き出すためのスピードを短縮しましょう、そのために図書館が手伝いましょうということです。

ただし、図書館は何でも屋さんではありません。使いさえすれば、すぐに就職できるとか、起業できるとかいうわけではない。そのように受け取って、初期の図書館によるビジネス支援を批判した人たちがいました。もちろん、ハローワークへ行けば就職できるかもしれません。でも図書館を使ったら、もっと他にも情報が得られて、本来だったら三カ月かかるところが一カ月になったということは意味のあることです。図書館は土日も開いていますし、誰に対しても門戸を開いています。そうした図書館の持ち味を活かしたビジネス支援を行い、地域の課題を解決する施設になるというのがひとつの考え方です」

例えば、イベント「ディスカバー図書館2004」の記録によると、糸賀教授はこんなエピソードを紹介している。二〇〇四年二月に河北新報が報じた記事「普通の主婦、暴力団と戦う」だ。何も武器を持って女性が暴力団と喧嘩したわけではない。一人娘を暴力団の抗争事件による発砲で亡くした六八歳の女性が、なんとか法律をたてに仇討ちをしたいと考えた。最初は弁護士に相談したものの、相手が暴力団ということでみな逃げ腰になってしまう。そこで女性は図書館に通い詰め、法律書を片っ端から読み始めた。

そんなある日、女性が図書館から帰宅しようとすると数人の若者が追いかけてくる。彼らは司法試験の勉強で図書館に通っている学生だった。高齢の女性が高い棚から本を取るためにはしごをよじ登っているのが危なっかしくてみていられないという。女性は学生たちに事情を話すと、学生たちは法律の条文を解説してくれるようになった。やがて女性は、暴力団組長の使用者責任を問う損害賠償訴訟を起こし、四〇〇〇万円の和解金を得た。六八歳の女性にとって、もし自力で法律を学ぼうと思ったら、まず行く場所は近くの図書館だろう。色々な世代が出会えるコミュニケーションの場としての可能性も示唆していた。

「ただ私が気になるのは、この六八歳の女性がはしごをよじ登り、高い棚から分厚い法律書を引っ張り出す時に、そこの図書館員は何をやっていたんだろうという気がしますけどね。そこは若干気になります」とこの時、糸賀教授はしめくくっている。

こうして糸賀教授たちが蒔いた課題解決型図書館の〝種〟は各地で確実に育っていった。菅谷さんの著書『未来をつくる図書館』も相乗効果で日本の図書館界に大きな影響を与え、二〇〇〇年に国内で図書館職員有志が設立した非営利組織「ビジネス支援図書館推進協議会」も、ビジネス支援を行う際の方法などを全国に広めている。

「まだ多いわけではありませんが、増えてきています。わかる人はどんどん実践に移していっている。都道府県単位の図書館職員研修に講師として呼ばれて行き、職員五〇人に話を聞いてもらったら、そのうち一割の五、六人がうちの図書館でもやってみようと変えてみる。それが周辺地域でも評判になり、自治体とも連携して進めていきましょうという流れになります」

糸賀教授が課題解決型図書館のひとつの方法として挙げるのが、レファレンスサービスの強化だ。地域の人たちが図書館で司書に相談する機会を増やすことを提唱している。しかし、「レファレンス」はカタカナでわかりづらく、日本語に言い換えても「参考調査」で、ますます堅い。研究や専門的な調べものを行う人だけが利用するサービスというイメージが払拭できず、これまでは気軽に利用できる窓口ではなかった。では、この課題を図書館はどう解決する?

「一番わかりやすいのは、『?』マークをカウンターにひとつ出す。こうすれば、わからないことがあったらこの窓口で聞けばいいと伝わります。日常生活のふとした疑問でもいいから、ここで聞いてもらうのです。今、『?』マークをつけた図書館が増えています。図書館に聞くと、確かに気軽に聞いてくれる利用者が増えたと言いますね」

糸賀教授は全国の図書館のレファレンスカウンターで「?」を見つけると、写真を撮っているという。その「?」コレクションは日々、増えている。

上・諫早市立図書館、下・岐阜県立図書館の総合案内カウンター
（撮影　糸賀雅児）

第4章

岐路に立つ公立図書館

横浜市にある「神奈川県立図書館」。人文系のリサーチライブラリーであり、
前川國男が設計、戦後日本を代表する建築でもある

神奈川県立図書館問題

†県立図書館と市立図書館は二重行政？

あなたがいつも利用する図書館は、地元の市町村立図書館だろうか。東京23区にお住まいなら、区立図書館かもしれない。たまには少し遠出して、都道府県立図書館まで足を運ばれることもあるだろうか。

そして、ひょっとしたら、建物が立派で大きく、蔵書数も多い都道府県立図書館を、いつも行っている地元自治体の図書館の規模をそのまま大きくしたものと思われてはいないだろうか。しかし、都道府県立図書館と地元自治体の図書館を注意深く比べてみれば、手がけているサービスや蔵書構成が違っているはずだ。

やや気弱に「はずだ」と書いたのには理由がある。県庁所在地や人口の多い政令指定都市の図書館は、規模も大きい場合が多く、近接する県立図書館との違いが利用者にとって見えづらいことがあるのだ。もし、県立図書館と市立図書館の違いを感じられず、両者が近い場所に建っていたとしたら。私が県民、市民なら「こんなに似たような施設が同じ場所に二つもあるのは、税金の無駄じゃないか」と思うだろう。事実、最近になって「二重行政」という批判を受け、苦境に立たされている県立図書館が出てきている。

二〇一二年十一月、神奈川県立図書館についてのニュースが流れ、図書館関係者や神奈川県民に衝撃が走った。神奈川県が横浜市と川崎市にある二つの県立図書館について、サービスの削減や集約を検討すると報じられたのだ。具体的には、横浜市の県立図書館における「閲覧、貸出の廃止」と「県下の市町村立図書館への支援強化」、川崎市の県立川崎図書館にいたっては「廃館」。二つの県立図書館の蔵書は、市町村立図書館が窓口となって閲覧、貸出しする——などだった。

例えば、東京都立図書館では貸出サービスを行っていないが、もし閲覧まで廃止されれば、都道府県立図書館としては初めてとなる。事実上、神奈川県立図書館は解体されてしまうかのようにみえたこのニュース。神奈川県は何も、県立図書館だけを狙い撃ちしたわけではなかった。

二〇一二年九月に神奈川県がまとめた「神奈川県緊急財政対策案」によると、二〇一二年度の当初予算の編成作業をスタートした時点で、九〇〇億円という多額の財源不足があり、さまざまな施策や事業の見直しなどを行った結果、収支の均衡をはかることができたものの、最終的に四〇〇億円の基金を利用。歳入だけで歳出をまかなえなかったという。

そこで、神奈川県は対策案として、県が保有する施設の見直しにかかった。かながわ女性センター（藤沢市）の移転と規模縮小、公文書館（横浜市）、近代美術館（鎌倉市と葉山町）の集約化などを検討することにした。この見直し対象に、神奈川県立図書館が含まれていたのだ。

神奈川県立図書館側にも、〝弱点〟はあった。立地する横浜市には市立図書館が全十八館ある。全館で四〇〇万冊を超える蔵書数は、全国の市町村立図書館ではトップクラスだ。その中心である横浜市立中央図書館は神奈川県立図書館から徒歩十分の場所にあり、一見、同じような閲覧、貸出サービスをしていることから、神奈川県民や横浜市民の目からすれば「二重行政」に見えてしまっても仕方ない。

一方、川崎市にある神奈川県立川崎図書館は、敷地が川崎市からの借地であり、地区一帯の再開発計画もあることから二〇一七年度には返却しなければならず、現状維持はそもそも見込まれていなかった。

二〇一二年度の一日平均の来館者数を比べてみても、横浜市中央図書館が約三五〇〇人なのに比べ、神奈川県立図書館が約七一六人、川崎図書館は約六六〇人と見劣りしてしまう。これでは神奈川県立図書館の貸出、閲覧廃止もやむなしと思われるかもしれない。

しかし、県立図書館と市立図書館は本当に「同じ」なのだろうか。来館者数は数ある図書館に対する評価軸のひとつに過ぎない。私たちは、両者の違いを複眼でもって注意深く見てから判断しなければならない。

†神奈川県立図書館の舞台裏

神奈川県立図書館はどうなってしまうのか。報道の直後、利用者や図書館関係者を中心に立ち上がったのが、「神奈川の県立図書館を考える会」というグループだった。シンポジウムを開催、政策提言をまとめるなど、ふってわいた神奈川県立図書館問題に取り組み、事態を転換させてゆく。私も考える会が二〇一三年一月に開いた横浜市の神奈川県立図書館の見学会に参加した。まずは、震源地へ——。

神奈川県立図書館は、桜木町駅から徒歩十分ほどにある。一九五四年に開館、国立国会図書館新館や東京文化会館などで有名な建築家、前川國男が設計を手がけた。あまり知られていないが、日本を代表する近代建築として、日本建築学会賞を受賞、優れた近代建築の保存を目指す「日本におけるDOCOMOMO150選」にも選ばれている。天候が良ければ閲覧室から富士山も望むことのできる名建築だ。

科学技術・工学の専門書や社史のコレクションを持つ川崎図書館との差別化がはかられた神奈川県立図書館は、人文系のコレクションを持つ。例えば「ベストセラーズ文庫」。明治以降約百三十年間のベストセラーを集めたもので、現在一五〇〇冊を超えている。ひとつひとつオーダーメイドの箱に入れられ、貸出は不可だが、閲覧することはできる。「雑誌創刊号コレクション」もユニーク。雑誌の創刊号ばかり集めたコレクションで一五〇〇タイトルが集められている。経費節減の折、新しい雑誌が出ると職員が創刊号を買って寄附するという涙ぐましい収集を継続しているものだ。創刊号以外の雑誌も基本的にはバックナンバーは廃棄されない。通常の市町村立図書館でも雑誌は購入するが、一定期間を過ぎればほとんどが捨てられてしまう中、県立レベルの図書館でなければ難しいコレクションだろう。

神奈川県立図書館でしか見られない資料もある。地元紙である神奈川新聞は、前身の

「横浜貿易新聞」「横浜貿易新報」時代から紙で揃っている。神奈川新聞は二〇一三年九月以前の縮刷版がなく、データベース化もされていないので、もし過去の記事を調べたかったら、ここで見るのが最も便利だ。各新聞のすべての県内地域版も揃う。全国の自治体資料や県内の市町村史関係の図書も豊富。こうした資料は、各市町村でも自身のものは所有しているが、県内すべてのものが揃い、一覧できることは人文系の調査にとってかなり貴重だ。

例えば、弥生時代のある土器について調べたいとしよう。弥生時代に神奈川県や横浜市が存在したはずもなく、当然、その分布はあちこちの市町村にまたがる。ひとつの市史だけ読めばいいというわけではなく、いくつもの市町村史を調べなくてはならない。一度にそのすべての資料を閲覧できることは本当にありがたいのだ。

こうしてつぶさにコレクションやサービスを見て行くと、神奈川県立図書館がいわゆる娯楽としての読書ではなく、より高度な調査や研究に対応したものだとわかる。カウンター裏を見学した際、閲覧から戻ってきたばかりの本が置かれた棚を見て驚いた。地域の図書館で人気の高い小説や日常生活の実用書の類いは一切見られず、専門書だけがずらりと並んでいた。利用のされ方が、市町村立図書館とは異なっている証左だろう。

†都道府県立図書館と市町村立図書館で異なる基準

文部科学省は二〇一二年十二月、図書館の設置や運営上で望ましいとされる新たな基準を定めている。その基準は、都道府県立図書館と市町村立図書館とで、明確に異なる。

市町村立図書館は地域住民のためのものであるのに対し、都道府県立図書館については、「都道府県内の図書館の求めに応じて、それらの図書館への支援に努める」ことがまず求められている。つまり、県内の市町村立図書館への支援だ。

神奈川県立図書館では、市町村立図書館への支援も行ってきた。「ＫＬ－ＮＥＴ」と呼ばれるネットワークシステムで県内の市町村立図書館との横断検索や相互賃借管理システムの運用を実施。市町村立図書館や学校図書館職員に対する研修も行っている。事実、神奈川県が打ち出した、県立図書館の閲覧、貸出サービス廃止、および川崎図書館廃止の検討を受け、県内の図書館からは異論が噴出したという。市町村立図書館は、県立図書館との役割の違いをよく理解しているからだ。

地元紙の神奈川新聞は、二〇一三年一月から「県立図書館『廃止』を問う」という特集を組んで、そのあり方を問いかけた。図書館問題研究会でも「機能分担、役割分担は時代の流れの中で必要かもしれませんが、閲覧まで禁止という発想は、県民への負担が増すだけでなく、市町村の図書館の負担増も招きます。市町村も神奈川県と同様、あるいはそれ以上に財政難であることはご承知のとおりです。このような措置は、市町村への負担の押し付けと言えるでしょう」と指摘した(「今後の神奈川県立図書館に関する検討についての意見書」)。

こうした批判の声を受け、神奈川県は結局、三カ月後の二〇一三年二月に閲覧サービスの継続や川崎図書館を川崎市内に移転させて存続という方針転換を余儀なくされた。そして、一二月には、黒岩祐治知事が県民の「知の拠点」として発展させる考えを示した。サービス縮小から一転した神奈川県図書館問題だが、近年くすぶり続けてきた県立図書館問題を明るみにさらした。自治体の財政が厳しくなり、市町村立図書館の設置率が高まれば、どの県においても同様の問題提起はされるだろう。県立図書館は、どうあるべきなのか?

その答えを模索するため、「神奈川の県立図書館を考える会」では二〇一三年三月、慶応義塾大学の糸賀雅児教授や昭和女子大学の大串夏身教授ら専門家を招き、政策提言シンポジウム「民間からの政策提言――これからの県立図書館像」を開催した。

「県立図書館のあり方を考え直す時。県立図書館と市町村立図書館の貸出では、一見同じように見えても質の違いがある。それを見えるようにするべき」と指摘したのは糸賀教授。公共図書館は広報が得意ではないところが多い。神奈川県立図書館や川崎図書館ではバックヤードツアーなどを積極的に行い、県民の理解に努めているが、県民に自分たちの役割を知らせる取り組みはより必要とされる。

「県民に責任がなかったのかが問われた。このシンポジウムが図書館とは何なんだろうと考えるきっかけになれば」と語ったのは、考える会代表で、文化施設のコンサルティングなどを手がける「アカデミック・リソース・ガイド」代表取締役、岡本真さんだ。自身も神奈川県民であり、図書館をテーマにした雑誌「ライブラリー・リソース・ガイド」を発行するなど公共図書館との関わりが深いことから、この考える会を立ち上げた。岡本さんは、近年の世界的な潮流である開かれた政府「ガバメント2・0」という考え方を枕に、「民間の中から政策提言していく。市民の間の協働が必要です」と訴えた。

†民間が考えた未来の神奈川県立図書館像

その後、考える会では半年間におよび議論を深め、二〇一三年六月に「民間からの政策提言――これからの県立図書館像」（第一版）を発表した。そこで強調されているのは、やはり「協働」だ。「県民・市民の一人ひとりが自らの持つ専門的な知見を政策として提言していくという新たな政治・行政への県民・市民の参画モデルをつくりだしていきましょう」と訴えている。

「二重行政」という批判に対し、提言では神奈川県内三三自治体のうち開成町、山北町、中井町、箱根町の四つの自治体には町立図書館が存在しないことに触れている。「これらの自治体にとっては、自由に使える図書館はまずは県立の図書館ということになります。そう考えますと、二重行政であるから県立図書館は不要であるという議論は、非常に乱暴なものではないでしょうか。すべての神奈川県民が等しく県税を負担する以上、県内のどの地域に居住しようが、同等の行政サービスを受けられるという平等性は極めて重要です」として、「二重行政」批判は恵まれた都市部の横暴ではないかとしている。

政策提言は現状維持にとどまらず、神奈川県立図書館の未来についても言及している。神奈川県立図書館は、社会科学や人文科学分野のリサーチ・ライブラリーとして活動してきた。提言では、これをさらに発展させ、「高度な専門性を持った調査・研究型ライブラリー」として国立国会図書館や東京都立図書館に比肩するような図書館を目指すべきとしている。

これらの図書館には全国から来館者があるが、横浜市に立地する神奈川県立図書館も羽田空港や東海道新幹線の新横浜駅からアクセスが良く、内容さえともなえば全国から人を呼び込むことができる。経済的効果の面でもポテンシャルが高い図書館ということだろう。

そのポテンシャルを活かすためには何が必要なのか。提言では、初代労働省婦人少年局長、山川菊栄氏の遺族が寄贈した「山川菊栄文庫」など貴重な女性労働史の資料を持つ「かながわ女性センター」など高い専門性を持つ県内類似施設との連携や機能統合を促している（その後、女性センターについては県も同じ方針と報道されている）。こうした「再編」は、機能を向上させながら、施設費や人員などのコスト削減にもなる。また、第3章でも詳しく紹介した鳥取県立図書館が県議会図書室や県庁内図書室と連動し、議員や職員により高度なレファレンスを行っていることを例に、県政全体の質向上も可能だとしている。

一方、川崎図書館についても、「世界基準のサイエンス・産業支援ライブラリーへの昇華」が提言されている。川崎図書館は、一万五〇〇〇点という全国屈指の社史コレクションや豊富な科学技術の蔵書を持つ専門図書館として活動、ビジネス支援図書館としても全国的によく知られている。神奈川県資料室研究会と連携し、ナショナルカンパニーを含む百の企業や団体に対し、情報提携サービスを行ってきた実績がある。川崎図書館は、多摩川を挟んで隣接する東京都大田区に立地する中小企業にも利用され、日本有数の工業地帯である京浜工業地帯の〝共同シンクタンク〟でもある。

また、川崎市は一九七〇年代に公害による大気汚染が社会問題となった。川崎図書館にはその訴訟資料などで構成されるコレクションがある。地域にとっては負の歴史であるが、大気汚染を克服した歴史の資料を活用すれば、環境学習や環境対策に関心のある利用者を呼び込むことができるとしている。

特に現在、中国では大気汚染が深刻となり、微粒子状物質（ＰＭ２・５）も大きな話題となっている。「公害資料を積極的に展示・提供する方向に神奈川県立川崎図書館のサービスを展開すれば、日本のみならずアジア圏、ひいては世界規模での人々の神奈川県への来訪が見込まれるのでは」と提言している。

†公立図書館の「官民協働」と「資金調達」の方法

この政策提言は、神奈川県や神奈川県立図書館のみならず、他の公立図書館にとっても示唆に富んだ内容となっている。例えば、「図書館協議会の設置」や「ファンドレイジングの検討」だ。

「図書館協議会」とは、図書館法第一四条で「図書館の運営に関し館長の諮問に応ずるとともに、図書館の行う図書館奉仕につき、館長に対して意見を述べる機関」と定められている。設置義務はないが、外部の有識者の意見を図書館運営に役立てる手法として、全国の公立図書館で導入されている。

神奈川県立図書館では、一九五五年から二〇〇一年にかけて設置されていたが、現在は存在しない。そこで、政策提言では、県立図書館の職員や図書館関係の専門家や一般の県民らによる図書館協議会の再設置を促し、その議論を公開することで、行政プロセスの透明化、検討課題の事前スクリーニングにつながるとメリットを挙げている。

行政のプロセスの透明化や官民の協働はソーシャルメディアが発達した現代において、今や止めようのない方向性となっているが、そのあり方について悩む自治体や市民にとって、この図書館協議会の活用はひとつの手段として有効なのではないだろうか。仕事があって平日昼間に会議の参加ができないビジネスパーソンでも、ソーシャルメディアを使って意見を寄せたり、議論したりすることは十分、可能だ。この考える会のように、民間からの有益な提案を取り入れる工夫を自治体には求めたいと思う。

もうひとつ重要なことは、図書館にとっての命綱、図書購入費などを含む資金の調達だ。本来、図書館は有料の企画展を開催できる美術館や博物館と異なり、無料サービスが前提であることから自ら収益を増やすことは難しい。しかし、命綱である自治体からの予算が削られている中、図書館が独自に資金を得る方法の確立は急務といえる。

政策提言では、「ファンドレイジングの検討」として、佐賀県や和歌山県で図書館に使途限定した「ふるさと納税」制度を使って寄附を集めていることなどを例示、資金調達に力を入れていくことを勧めている。資金調達について、先に述べた「図書館協議会」などの場で議論するのも有効だろう。

神奈川県立図書館問題は、はからずも公立図書館がはらむさまざまな課題を噴出させた。こうした問題は神奈川県だけで起きているわけではない。二〇一二年六月、川崎図書館同様、ビジネス支援ライブラリーとして著名な大阪府立中之島図書館も、閉鎖の危機が報じられた。二〇一三年一一月に大阪府の松井一郎知事は、一転して存続の方針を明らかにした。

埼玉県でも、さいたま市、熊谷市、久喜市にある三つの埼玉県立図書館を閉館し、一つの新しい図書館を建設する計画案が報じられた。高知県と高知市でも、それぞれ県立図書館と市立図書館を二〇一五年度の開館を目指して合築の計画が進んでいる。長崎県も二〇一三年三月、県立図書館を長崎市から移転し、大村市立図書館と合築する方針を決定した。

自治体からすれば、ともすれば「二重行政」に見える県立図書館の再編に着手したいという意図は理解できないでもないが、市町村立図書館とは異なるレベルのサービスを実施している県立図書館の機能低下を招くことだけは避けなければいけない。一時しのぎの政策によって県民を育てる高度な図書館を失うことは、長い目で見て本当に「得策」なのか。機能低下ではなく、機能向上を目指す攻めの図書館が今、求められているのだ。

そして、私たちが忘れてならないのは、東日本大震災の経験だ。沿岸部を中心に東北地方の公共図書館は壊滅的な被害を受けた。現在も再建されていない図書館もある。震災直後に県内図書館の被害状況を把握し、蔵書は津波で流され、建物は破壊された図書館の再生をサポートしてきたのが、東北地方の各県立図書館だった。あなたが住む地域の都道府県立図書館の真価は、こうした緊急時に問われる。そのためにも、平時のたゆまぬ図書館活動が営まれるよう、官民一体となって支援していくことが必要なのではないだろうか。

第５章

「武雄市図書館」と「伊万里市民図書館」が選んだ道

駐車場に出ている「武雄市図書館」とスターバックスの案内。
併設されている「歴史資料館」の文字はない

視察が絶えない二つの図書館

†本を売る図書館

佐賀県には、全国から視察が引きも切らない公共図書館が二つある。「武雄市図書館」と「伊万里市民図書館」。武雄市は人口約五万人、伊万里市は人口約五万七〇〇〇人と規模はそれほど変わりない。しかし、それぞれの図書館の目指す方向は、見事なまでに対照的だ。

もしも機会があったならば、距離にして二十キロ、車があれば三十分で行き来できるこれらの図書館を見比べて頂きたいと思う。肩肘の張った取材である必要はない。エントランスを一目見れば、武雄市図書館と伊万里市民図書館が何をしようとしているのか、誰にでもわかる。

最初に、武雄市図書館から見てみよう。武雄市図書館を訪れたのは、既存の図書館を改築してオープンした二〇一三年四月から四カ月後、八月のことだった。樋渡啓祐市長の強い指揮のもと、レンタルビデオチェーン「TSUTAYA」や蔦屋書店を経営する企業「カルチュア・コンビニエンス・クラブ」（CCC）を武雄市図書館の指定管理者として、東京都渋谷区にある「代官山蔦屋書店」のコンセプトを取り入れた図書館のリニューアルが発表されたのは、二〇一二年五月。カフェチェーン「スターバックス」や書店が出店、CCCが展開しているポイントが付与される利用カードを導入するとあって、当初より全国メディアをにぎわせていた。

まず、敷地の入り口に掲げられた案内を確認。「武雄市図書館」と並んでスターバックスの緑色のロゴが踊る。武雄市図書館の正式名称は「武雄市図書館・歴史資料館」なのだが、ここでは「歴史資料館」の文字が見られなかった。

さて、敷地を進んで図書館に入ると、エントランス付近のフロアは蔦屋書店のゾーンとなっていた。通常の書店同様、いくつかの平台上に販売用の本が平積みされている。その中で、最も目立つ場所にあったのが、武雄市図書館公式ガイドブック『たけお散歩』（ネコ・パブリッシング）や樋渡市長の著書『首長パンチ——最年少市長GABBA奮戦記』（講談社）の本だった。一般的な公共図書館ではあり得ない光景だが、これこそ現在の武雄市図書館を象徴している。

『たけお散歩』はCCCの系列出版社から二〇一三年七月に出版されたばかりのもので、女性に人気のガイドブック『ことりっぷ』シリーズを彷彿させるかわいらしい装丁だ。図書館のフロアや利用方法のガイド以外に、武雄市役所観光課が協力して市内の観光スポット宿、グルメ情報が掲載されている。『ことりっぷ』シリーズは残念ながら現在のところ佐賀県編がない。『たけお散歩』が武雄市初のガイドブックなのだという。ないのであれば自分たちで作ってしまおうという、武雄市の気概も感じさせる本だ。

『たけお散歩』と同じ平台に平置きされていたのが、やはりネコ・パブリッシングが出版した『図書館が街を創る。「武雄市図書館」という挑戦』だった。こちらは二〇一三年四月刊行とあるので、開館と同時に出されたものになる。大判でボリュームのある書籍で、武雄市図書館がどのようなコンセプトで作られたかなど、館長や武雄市役所の担当者、建築家、図書館スタッフたちのインタビューなどが掲載されたドキュメンタリーになっている。

エントランスを入って右手には、うわさのスターバックスがあった。この日はまだ残暑

2013年８月の取材時、蔦屋書店で最も目立つ平台には、武雄市や「武雄市図書館」のガイドブックや樋渡啓祐市長の著書が並んでいた

厳しく、冷たいドリンクを求める人たちが行列を作っていた。もう少し深く図書館奥へ進みたいところだが、ここで一旦、足を止めておこう。

†〝憲法〟を掲げる図書館

武雄市図書館を訪れた翌日、今度は伊万里市民図書館へと向かった。こちらは一九九五年に開館した図書館で、その活動は全国的に高い評価を得ている。伊万里市民図書館のエントランスを抜けると、そこには「図書館の自由に関する宣言」(一九七九年改訂)の主文が大きく掲げられていた。

この宣言は、戦前の思想善導を目的としていた図書館活動を反省し、日本図書館協会が定めたもので、図書館にとっては「図書館の憲法」とも呼ばれる大切なものだ。例えば、松江市教育委員会が二〇一二年十二月、過激な描写があるという理由で漫画『はだしのゲン』の閲覧制限を市内の学校図書館に依頼していたことが発覚した際も、この宣言は参照された。日本図書館協会は二〇一三年八月、「中沢啓治著『はだしのゲン』の利用制限について(要望)」という文書を出し、この宣言を用いて教育委員会を批判している。

少し長くなるが、伊万里市民図書館で掲げられている宣言を紹介したい。

図書館は、基本的人権のひとつとして知る自由をもつ国民に、資料と施設を提供することをもっとも重要な任務とする。この任務を果たすため、図書館は次のことを確認し実践する。

第1　図書館は資料収集の自由を有する。
第2　図書館は資料提供の自由を有する。
第3　図書館は利用者の秘密を守る。
第4　図書館はすべての検閲に反対する。
図書館の自由が侵されるとき、われわれは団結して、あくまで自由を守る。

（「図書館の自由に関する宣言」主文　一九七九年改訂）

戦前からの図書館の歴史を知らない利用者からすれば、少々戦闘的にみえるかもしれない文言に着想を得て、人気小説『図書館戦争』にも描かれたことはよく知られたエピソードだ。

伊万里市民図書館はこの宣言の下に、さらなる言葉を掲げている。それが、「伊万里市民図書館設置条例」第1条。こちらも紹介しておこう。

第1条　伊万里市は、すべての市民の知的自由を確保し、文化的かつ民主的な地方自治の発展を促すため、自由で公平な資料と情報を提供する生涯学習の拠点として、伊万里市民図書館を設置する。

ここで足を止めて、武雄市図書館を思い出してみよう。武雄市図書館が伝えたいことは何だったか。『図書館が街を創る。』という本のタイトルからもわかるように、武雄市図書館は町づくりという役割を自負している。そして、図書館で最も目立つ平台に配置され、売られているのが観光案内本でもある図書館の公式ガイド『たけお散歩』だった。

樋渡市長は『図書館が街を創る。』の中でこう述べている。

「図書館を再構築させることによって、市民に誇りを取り戻してもらいたいんですよ。日本の地方というのは、とりわけ佐賀や長崎では『ここには何もなかけん』と、自虐史観な

「伊万里市民図書館」に入館してすぐに目につくのが、図書館の憲法ともいわれる「図書館の自由に関する宣言」と伊万里市民図書館設置条例

んですよ。でも図書館というのは3000以上あるわけです、全国に。その中で武雄の図書館がクローズアップされて、それを見るために他県から来るといったことになれば、それは武雄の住人にとって〝心柱〟、心の拠りどころになるわけです」

全国的に武雄市図書館が有名になれば、『ことりっぷ』でも案内されていなかった土地に他県からも大勢の人が訪れ、武雄市の誇りとなる。それが、武雄市図書館が目指すものだったのだろう。

試しに、グーグルでどれだけ検索されているのかを比べることができるサービス「Googleトレンド」というサービスを使い、人口四万七〇〇〇人とほぼ同規模である東京都千代田区の「千代田図書館」と「武雄市図書館」を比べてみた。確かにそれまでは最大で「一〇〇対〇」だった検索数が、二〇一三年四月の武雄市図書館が開館した週は「一六対三六」と逆転、以後は拮抗している。

また、二〇一二年十月に慶応義塾大学の糸賀研究室が発表した公共図書館を対象にした調査結果でも、「注目されている図書館」に国立国会図書館に次いで、武雄市図書館が二位にランクインしていた。武雄市図書館がもくろんだ通り、二〇一二年から二〇一三年にかけて、図書館界のみならず一般的にも多くの注目を集めた図書館であることは間違いない。

他方、伊万里市民図書館も名前の通り、「すべての市民の知的自由を確保し、文化的かつ民主的な地方自治の発展を促す」ことを標榜し、その実績は高く評価されてきた。同じ糸賀研究室による調査でも、武雄市図書館とは対照的だ。伊万里市民図書館は、「その図書館の活動が優れているからという理由で注目されている図書館」で七位にランクインしている。

一位から国立国会図書館、鳥取県立図書館、浦安市立図書館、千代田区立図書館、岡山県立図書館、東京都立図書館と、首都圏の図書館や県立図書館ばかりが並ぶ中、伊万里市民図書館は大健闘といえるだろう。塚部芳和市長は二〇一三年一月、伊万里市のサイトに「図書館への思い」という文章を寄せている。

「昨年一〇月に慶応義塾大学文学部の糸賀研究室が発表した調査結果は、大変嬉しいものでした。全国の公共図書館・大学図書館の関係者へのアンケートで、全国トップレベルのサービスが評価されている鳥取県立図書館、浦安市立図書館、千代田区立図書館などと並んで、『その活動が優れている』として伊万里市民図書館はベスト10内に選ばれたのです。もとより県立や区立の図書館とはその予算は比べようもありませんが、第三者である専門家から選んで頂いたことは、図書館が市民の知の宝庫であることを基本理念として、市民に支持されている協働のあり方が評価された結果であり、伊万里市民への『金メダル』でもあると思います」

そして、「伊万里市民図書館設置条例」をひもとき、こう結んでいる。

「この精神を子孫に大切に引き継ぐために、これからも市民の心の栄養素としての図書館、『知の砦』としての図書館のあるべき姿を、市民と共に模索していきたいものです」

隣りあった市がそれぞれ誇る、二つの図書館。武雄市図書館と伊万里市民図書館の進む道は、どこで分かれたのだろうか。これらの図書館の対比から、公共図書館とは一体、誰のために、何のために存在するのか、浮き彫りになるのではないだろうか。もう少し図書館の中を詳しく、見ていこう。

伊万里市民図書館

✝市民が図書館の〝誕生日〟を祝う

二月二六日になると、伊万里市民図書館には大勢の市民が駆けつける。この日は、〝図書館の誕生日〟なのだ。

一九九三年二月二六日、伊万里市民図書館の起工式が執り行われた。行政関係者だけでなく市民二〇〇人も参加、当時の市長が甘党だったため市民自らぜんざい二〇〇食を作り、その場でふるまった。以来、毎年欠かさず、市民は「めばえの日」と呼ばれる図書館の誕生日を祝いに集まり、みんなでぜんざいを食べている。

参加する市民も年々増え、二〇一三年の「めばえの日」にふるまわれたぜんざいは、三〇〇食になった。市長や図書館スタッフ、そして市民たちは、「あの日、私たち伊万里市民が図書館を持とうとしたときの感動をいつまでも忘れないようにしよう。そして図書館の役割を考えよう」という思いをぜんざいとともに噛みしめるのだという。

伊万里市にはもともと、一九五四年以来の歴史を持つ「市立図書館」があった。しかし、一九八〇年代になって二〇〇平方メートルという、教室ほどの広さしかない図書館に不満を持った市民が、新図書館の建設運動を興した。

こうした流れの中、一九九二年に市は「図書館建設準備室」を設置。その準備室長として任命されたのが現在の館長である古瀬義孝館長だった。古瀬館長は当時を振り返る。

「市民はいろんな力を持っています。私たちの持っている情報は全部出して、市民の力をお借りして、市民が欲しいと思う図書館を作ろうと思いました。ただ、私たちも図書館の専門家として図書館はこうあるべきという理想があります。ですから、まずは一緒に勉強会をしましょうということで、一九九三年に八カ月にわたる勉強会を開き、五〇人ぐらいの市民の方に集まって頂きました」

それが、「図書館づくり伊万里塾」だ。例えば、初回は当時図書館施設研究所主幹を務めていた故・菅原峻さんを招き「図書館は必要なのか」をテーマに学習した。北欧や欧米の先進的な図書館を熟知し、「市民が主役の図書館作り」を全国で実践していた菅原さんは、伊万里市の図書館作りにも大きな影響を与えたという。

行政と市民との対話は時間こそかかるが、この地道な取り組みが後の図書館活動を後押しする。新しい図書館の建築家も決まり、設計を考える段階でも市民からのヒアリングを重ねた。すると、図書館のプロたちでも気づかない、利用者からの意外な視点が発見できた。

「布の絵本を作る方たちがいらっしゃるのですが、自分たちの家庭では作った作品を置く場所もないし、作業するのに十分なスペースもない。そこで図書館に活動できる場を作ることになりました。どんなものが必要か聞いたら、電動ミシンやアイロンを使うのでコンセントがたくさん必要なんですと。だから、その部屋にはコンセントがたくさんついています。作った作品を置くスペースも確保しました。とても簡単なことなのですが、色々な市民のグループにどういう使い方をしたいですか？　とヒアリングしたことが、本当に役に立ちました。市民も自分たちが活動するために図書館を作っているんだと思ってくれます。中には無理な意見もあって、それは別の機会の時に考えてくださいということはまれにありましたが、ほとんどが建設的な意見でした」

そうして迎えた起工式当日、後の「めばえの日」のことを古瀬館長は語る。

「普通は鍬入れでおしまいなのだけれど、集まってきた市民二〇〇人に設計者が『ここが

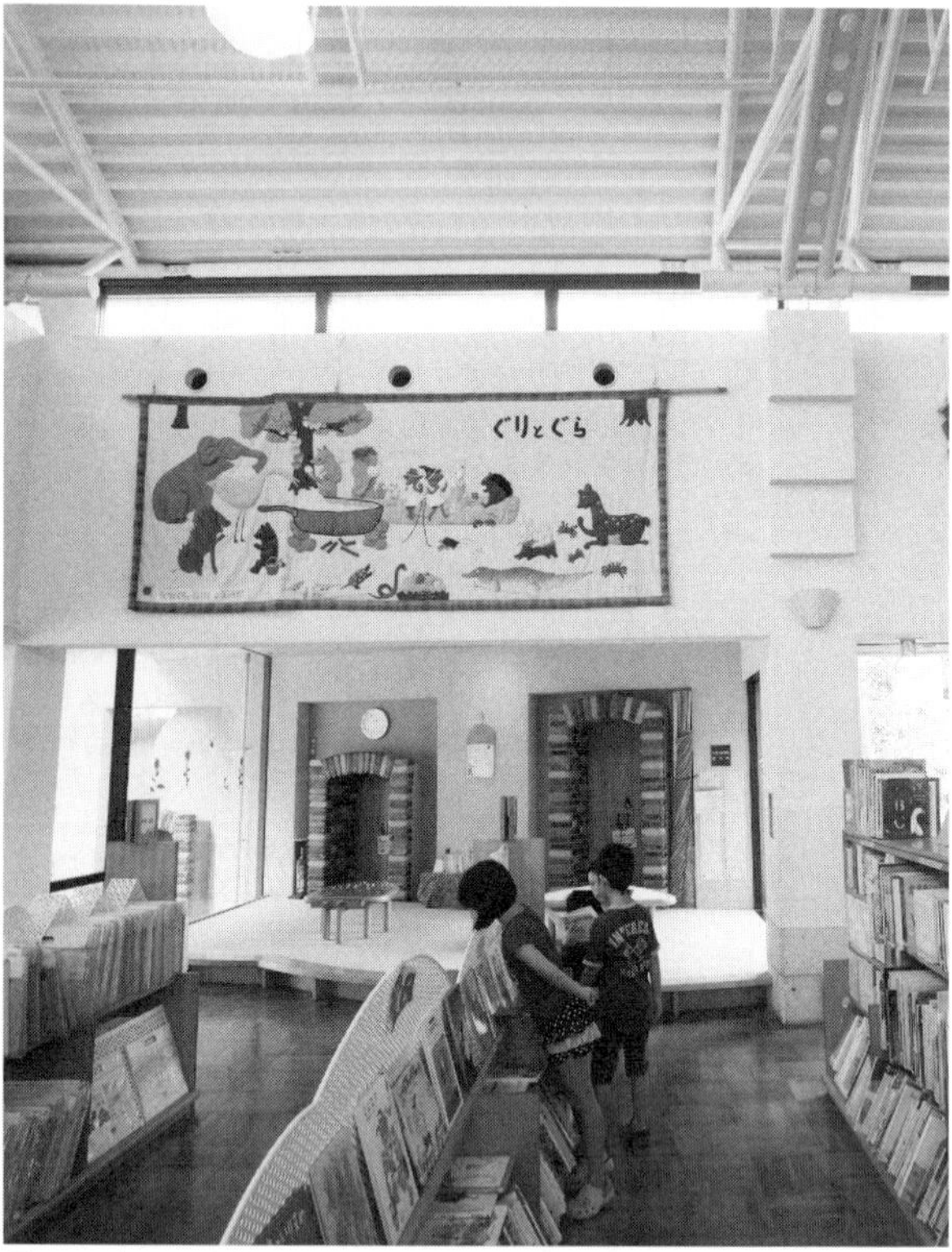

「伊万里市民図書館」の子供たちが利用するスペース。壁には市民の人たちが手作りした大きな絵本のタペストリーが飾られている

市民の方たちが使う部屋になります』とか、現地で説明した。それから、当時の市長がすごい甘党だったので、市民の人たちがぜんざい二〇〇杯を作って、みんなで祝いしました。それ以来、起工式の日には誕生日を祝う会が開かれるようになって、今年でもう一九回目になりました」

†市民を育て、町をつくる図書館

設計段階から市民が携わったという伊万里市民図書館の館内を案内してもらった。

「あの壁にかかっている『ぐりとぐら』や『かいじゅうたちのいるところ』のタペストリーは、市民の方たちが作って寄贈してくれました。長さは三メートルぐらいでしょうか」

「このスペースにある生け花は、ボランティアで華道連盟の方たちがいつも生けてくれています」

先導する伊万里市民図書館の係長、末次健太郎さんの説明には、「市民」「ボランティア」という言葉が頻繁に登場する。現在、会員数三七〇人の「図書館フレンズいまり」という組織として活動している。旗印は、「協力と提言」。二〇一二年度の活動記録を見ると、五月に「古本市」、七月に「☆《ほし》まつり」、十一月に「古本市」、一月に「新春かるた会」、二月に「めばえの日」などを主催している。「☆まつり」とは、二〇以上の団体が参加して、合唱や演奏、バザーを二日間にわたって開くお祭りで、プログラムや運営をフレンズいまりが中心となって担当している。この二日間は伊万里市の老若男女が四、五〇〇〇人訪れ、図書館が賑やかになるという。

しかし、伊万里市民図書館は市民がそうしたイベントを行うだけの場ではない。書架を見てみよう。吹き抜けで開放感のある一階には、高さ一四五センチという本棚が並ぶ。車いすの人でも本に手が届くよう配慮されているのだ。また、本棚は平置きできるちょっとした仕掛けやベンチ、資料を展示できるケースが一体化した特別な作りになっている。本を選ぶ時にちょっと腰をかけたり、展示されている資料を見て、本に興味を持ってもらえたりするよう、設計されている。

これらの本棚には、本を企画展示できるコーナーが四〇カ所も設けてある。例えば、亡くなった作家がいた場合、その本や新聞記事を集めて特集する。特集は毎月変えているのだが、その仕事が司書を育てているという。「いつまでも借りられずに残っている本を見ると、だめだったんだとがっかりします」と司書でもある末次さんが笑う。

レファレンスも充実している。伊万里市民図書館は市民との協働が有名なので、ついそちらに目が向きがちだが、ビジネス支援をはじめとする市民のサポートもベテランの司書を中心に行っている。例えば、世界初の磁器製万華鏡「有田焼万華鏡」は、この図書館から生まれた。開発者の石川慶蔵さんは、毎月五〇点もの本や雑誌、ビデオを利用して研究したという。石川さんはその時のことをこう書いている。

「図書館は問題解決の宝の山

私は、伊万里図書館を利用する度につくづくそう思う。館内の膨大な書籍や雑誌・ビデオ教材は、接するたび自分の勉強不足を痛感させてくれるし、同時に『なぜだろう』という素朴な疑問や興味をもたせてくれる。館内の雰囲気は、いつもワクワク・ドキドキ―知的好奇心を沸き立たせてくれる。若い中学生や高校生の一生懸命勉強する姿に心を打たれ、また談笑の姿を微笑ましく思う。お年寄りからは人生生涯勉強であること。また『青春とは、年齢ではなく、心の若さである』ことも学ばせていただく。とにかく、旺盛な問題意識を持つ人にとっては、『課題解決のヒントを与えてくれる素晴らしい知恵の宝庫』であると考えている」

（『としょかん通信』平成十七年新春号）

伊万里市民図書館には、子供用のレファレンスデスクまで用意されている。レファンレスは図書館のプロである司書の腕の見せどころだ。もちろん、市民も館内のあらゆる場所で活動しているが、デスクの中には立ち入らない。仕事がきちんと区分されているのだ。

エントランス近くの特集コーナーには、原子力発電所関係の書籍や新聞記事が集められていた。これは二〇一一年三月一一日に発生した東日本大震災による、東京電力福島第一原子力発電所の事故をきっかけに設けられたもの。伊万里市は、九州電力の玄海原子力発電所から最短一二キロ、市域のほとんどが三〇キロ圏内となっている。

しかし、九州電力が立地自治体と結んでいる安全協定は伊万里市との間では締結されていないなど課題が少なくない。もし何らかの事故が発生した場合、どうしたらよいのか。「町には町それぞれの課題があります」とは、古瀬館長の言葉。平時からそうした情報の提供を心がけている。

「単に流行本を貸せばいいというのは図書館じゃない。伊万里のまちをつくる、そのために人を育てる。そのための図書館であるということがきちんとわかった運用をしないと、一部の本好きと学生のための図書館になってしまう。図書館は時代に応じて変えなければならない部分もあるし、変えてはならない部分もある。そこを踏まえた上で図書館に対するミッションを明確にしなければいけません」

†「ブックスタート」や「家読」で子供を読書家に

市民を育てる図書館を目指す伊万里市民図書館は実際、どの程度の市民に利用されているのだろうか。伊万里市では現在、利用登録をしている市民が五割を超える。リニューアル前の武雄市図書館の武雄市民の利用率が二割だったことに比べれば、市民への浸透は格段に深い。その秘密は、子供たちの読書にあった。

伊万里市の子供たちは乳児検診の時、「ブックスタート」が行われる。司書とボランティアの市民が組み、年間数百人の赤ちゃんに絵本との出会いをプレゼントするのだ。その後、市内の幼稚園や保育園二二カ所で、お話し会が行われ、子供たちは図書館の利用カードを作ってもらう。小さい時から図書館に登録していると、子供たちは自然と図書館を訪れては好きな本を選んで読むようになる。

それ以外に取り組んでいるのが、「家読《うちどく》」だ。伊万里市は二〇〇六年、学校でのいじめが大きな社会問題となっているのを受け、「いじめなし都市宣言」を行った。具体的に何をするのかといえば、読書を介した家庭内のコミュニケーション促進だった。「家読」とはどのようなものなのか。古瀬館長に訊ねてみた。

「ルールがないのが家読です。例をあげれば、小さい子供と一緒に親が同じ絵本を読む。少し大きくなったら、同じ絵本を読んで感想を話し合う。また、同じ場所で同じ時間に別々の本を読んで紹介し合う。それが、親子の会話のきっかけになります。今やっているのがリレーうちどく。絵本と感想を書くノート、バッグをセットにして、クラスで回していく。絵本は保護者にも読んでもらい、親子でそれぞれ一言、感想を書きます」

二〇〇七年から黒川町をモデル地区にスタートし、二〇〇九年には「家読」のまちづくりを推進する茨城県大子町や青森県板柳町と合同で、「第1回家読《うちどく》サミットin伊万里」を開催。ノンフィクション作家の柳田邦男さんが基調講演を行い、シンポジウムでは各市町村の成果を報告、子供の読書の大切さを再確認した。

こうした取り組みは全国的にも高い評価を得て、黒川町の公民館は「優良公民館文部科学大臣賞」を、伊万里市も「文字・活字文化推進大賞」をそれぞれ受賞。二〇一〇年には、「子ども読書のまち宣言」を行っている。

ずらりと並ぶ〝勲章〟は、図書館にとって飾りではない。外部からの評価は、図書館の命綱である予算獲得につながっている。

「いろいろな活動をして評価されることで、外郭団体からの補助金が受けやすくなります。

二〇一一年には独立行政法人国立青少年教育振興機構の『地域ぐるみの子ども読書活動推進事業』を受託することができて、絵本作家さんたち十人を呼んで学校で講演をしてもらいました。子供たちがとても喜んで、そういう体験がまた子供たちを本に夢中にさせます」

†指定管理者を入れないという決意

最近、こんなニュースがあった。北海道釧路市が市立釧路図書館の改築を検討しているが、その新図書館整備に関する会議が市民に非公開で行われ、市民グループが「利用者の声が反映されにくい」と反発しているという記事が、北海道新聞に掲載された（二〇一三年七月三十日付）。

記事によると、釧路市は「市民論議に向けて考えをまとめる場」であり叩き台であることを説明したが、市民グループは「行政が一度固めたことを覆す可能性は低いのでは」と憤りをみせたという。市民グループの不信感の背景には、二〇〇八年度に図書館に指定管理者制度を導入する際、反対運動が起きたにもかかわらず、市が聞き入れなかったことにあるようだった。

指定管理者制度導入を一律に否定することはできないが、釧路市が市民に対して十分な説得ができなかったとすれば、残念でならない。伊万里市民図書館のように、市民の声を丁寧に聞く姿勢は、新しい図書館をより素晴らしいものにするチャンスかもしれないのだから。

そんな伊万里市民図書館でも、指定管理者制度の導入が検討されたことがあったようだが、導入しないとの決断がなされたという。塚部市長は二〇〇九年四月一日に市のサイトでその理由を明らかにしている。長文だが紹介したい。

「三月一八日付け佐賀新聞の有明抄で富吉賢太郎論説委員長が公立図書館の指定管理者制度の導入の是非に関し、オバマ大統領のアメリカ図書館協会年次大会での演説を引用され、問題提起をされた記事がありました。

今、公共の施設の管理運営を民間に委託しようとする動きが加速しているのも事実であります。あの有名な小泉政権時代の郵政民営化をはじめ、国や県、市町村の公共施設が『官から民へ』と移行している中で、公立図書館も例外ではないと指定管理者制度を導入した自治体もかなりあります。（中略）

一般的な物の見方からすると行政レベルでの担当者としては、指定管理者制度を導入すべきとの考えだと思います。

今後の自治体財政は潤沢には推移しないどころか大変な状況になるとの背景の中で、『公』が直接に管理運営するよりも『民』に委ねたほうがコスト低減につながるという発想でしょう。

図書館に指定管理者制度を導入している事例を調べると、貸し出し一冊当たりの原価計算、つまり公務員としての人件費や諸費用から割り出した結果、『公』での運営では財政負担が大きいことが理由の多くを占めています。

しかし、私は大切なことは図書館を守りたいという気持ちは導入の是非に関わらず共通であると思います。よく図書館を構成する要素は『ヒト・モノ・カネ』と言われます。図書館は『働くヒト』だけの問題ではなく、『利用者するヒト』にとって良い施設であるべきです。だからといって、利用者を満足させるためにお金がかかり過ぎる施設であってはなりません。限りある予算の中での運営は、行政としての責務でもあります。

そういう中で一番の心配事は、仮に指定管理者制度が導入されたら、市民の知る権利を保障する図書館の基本理念を遂行することができるだろうかという不安です。

前述のオバマ大統領の演説の中で『図書館は学習の聖域であり続けなければならない』

とあり、それ故に、図書館はあらゆる組織や個人の干渉を受けることがないようにして運営すべきであるという論調になっています。まさにこのことは富吉賢太郎氏が記事にされている『自治体が責任を持って図書館サービスを展開すべし……』と共通するものと考えます。

伊万里市民図書館は、今日まで図書館フレンズの皆様をはじめ多くの市民の皆様に支えられ、いわば官民一体となって運営を行ってまいりました。構成要素の『ヒト・モノ・カネ』の『ヒト』には司書と図書館サービスを受ける利用者が一般的ですが、伊万里市民図書館には『図書館を支えるヒト』が存在するのが特徴です。

私は、このほど、伊万里市民図書館には指定管理者制度を導入しないと決断しましたが、その背景には、民間業者への丸投げだけはしたくないという一念があったからです。

税収が減り、国からの交付税が減り続ける中で、医療や福祉の予算は増え続けるからといって、図書館への優先順位を下げては断じてなりません。将来、市民が不幸になることはすべきではありません。

伊万里市民図書館は、市民とともに蓄積された図書館能力を有しています。図書館サービスの企画立案も豊富です。どうか今後とも市民の皆さんとの協調関係を構築しながら伊万里市が責任を持って運営しますので、よろしくお願いします」

†「市民」を冠するにふさわしい図書館

市民にとって本当に必要とされる図書館とは、どのようなものなのか。市長の言葉に「将来、市民が不幸になることはすべきではありません」とあるが、図書館は現在の市民だけではなく、今後何世代にも渡って人々の知的活動を支えるべく設計されているはずの組織だ。伊万里市民図書館が得ている高い評価も、二十年近く地道な活動を重ねてきた結果であり、一朝一夕で得られたものではない。図書館のあるべき姿とは、長い年月を見通したヴィジョンのもとに成立するものだろう。

さらに、伊万里市民図書館を歩いてみよう。館内に静かな音楽が流れていることに気づく。今でこそ音楽を流す図書館は日本にもあるが、開館当時、図書館としてはかなり珍しかったのではないだろうか。音は子供たちがいる少々にぎやかな場所などでは聞こえるが、大人が使用する場所では音が遮断されるようなゾーニングが設計されている。

それから見渡して驚かされるのは席数の多さだ。その数四〇〇ほど。和室や書斎風に区切られた机、中学生や高校生がグループで使える机など、訪れた人は思い思いの場所で勉強したり閲覧したりできる。これも当時はあまり例がなかった「滞在型図書館」を目指した結果だ。

子供の本が置いてあるゾーンの奥に、なにやら不思議な扉が。「登り窯」と呼ばれる部屋だ。中は伊万里焼の窯を彷彿させる階段状の空間が広がっている。ここはお話し会などが開かれ、天井は暗くすると天の川や星座が浮かび上がるような仕掛けもあって、訪れるのを楽しみにしている子供たちが多い。

エントランス近くにはテレビが置かれ、将棋を指したり碁を打ったりできるスペースがあり、リタイアした男性たちの憩いの場になっている。一見、図書館の活動とは無関係そうなスペースなのだが、古瀬館長の話を聞けば伊万里市民図書館には必要な場だと思える。

「大学受験を何回も失敗している子が図書館に来ていたのですが、いつの間にか将棋のおじいさんたちと友達になった。その子は将棋を指しながらおじいさんたちに人生相談をしていたそうです。図書館は人と本の出会いの場ですが、人と人の出会いの場でもあり、そういう交流も生まれています。結婚するカップルが結婚式の前撮りに図書館を使わせてほしいといってきたこともありました。ここで出会ったのか、デートに使っていたのかわかりませんが、もちろん、撮っていただきましたよ」

伊万里市民図書館は内実ともに、「市民」の名前を冠するにふさわしい図書館だった。

「図書館だけではできない企画を市民が手助けして、背中を押してくれることもあります。職員は一八人しかいないけれど、市民の力を結集して三〇人分ぐらいの活動をやっています。図書館と市民は車の両輪です。必ず同じ方向にスタンスを取って、図書館の責任で走る。庭園清掃も草がすぐにぼうぼうになるので、毎月一回、市民が草を刈ってくれている。こちらからお願いしたわけではなく、自分たちの図書館が草ぼうぼうでは恥ずかしいからと。ありがたいです。これが、二〇一二年に全国から三〇〇〇人以上が視察に来た理由だと思います。武雄市図書館ができて、一緒に視察しに来る方が増えて今はまた忙しくなっています」。古瀬館長は笑った。

その武雄市図書館が改装のために閉館していた二〇一二年一一月から二〇一三年三月にかけて、伊万里市民図書館はこんなメッセージを武雄市民に送っていた。

「武雄市図書館・歴史資料館が平成二四年一一月から館内改装のために休館されることを受けまして、伊万里市民図書館では武雄市民の読書や学習、調査・研究などを支援するために、期間限定で開放いたします」

どこまでも伊万里市民図書館らしいのだ。ではそろそろ、武雄市図書館へ戻ってみよう。

武雄市図書館

†毀誉褒貶にさらされる武雄市図書館

現地を訪れる前に武雄市図書館について調べようとした時、あまりの情報量の多さに頭を抱えた。新聞や雑誌による報道やツイッターやブログなどを始めとするインターネット上での議論。かつて、こんなに人々の話題となった図書館があっただろうかと思うほど、絶賛から批判まで、武雄市図書館は毀誉褒貶にさらされ、常に論争の渦中にある。その情報量に押し流されてしまわないよう、ポイントを整理しながら進めたいと思う。

武雄市図書館は開館前から波乱含みだった。まず、問題視されたのは、図書館カードが指定管理者のCCCが発行する「Tカード」としても利用可能になることだった。自動貸出機を使えば一日一回に限り三ポイントが付与されるというもので、これはCCCが運営する他の店舗など提携店で三円として使うことができる。端的に言えば、図書館で本を借りるとお金になるということだ。利用者からすればうれしいサービスかもしれないが、これまでの図書館の常識では考えられない。

Tカード導入の発表直後から、図書館界を中心に異論が噴出した。特に言われたのが、図書館カードの個人情報や貸出履歴が図書館外へ出てしまうのではないかという心配だった。

日本図書館協会は、二〇一二年五月に公表した「武雄市の新・図書館構想について」の中で、「ポイント付与と一体になっていることから、利用者の個人情報（貸出履歴）は『Tカード』管理者に提供される可能性があります。図書館の管理・運営上の必要性から必然的に集積される個人の情報は、本来の目的以外に利用されること自体を想定しておりません。図書館の管理・運営とは基本的に関係のないことへの利用は、『利用者の秘密を守る』ことを公に市民に対して約束している公共図書館の立場からは肯定しがたい」として、強い懸念を示した。

図書館問題研究会も、二〇一二年五月に武雄市の樋渡啓祐市長に宛て、「新・図書館構想における個人情報の扱いについて」を提出。同じように利用者の貸出履歴について慎重な取り扱いを求めた。図書館界に属さない人からすれば、一体なぜここまで強い反発が出たのか不思議に思われるかもしれない。その背景には、戦後の図書館が守ろうとしてきた「図書館の自由に関する宣言」にある。「図書館の憲法」と呼ばれ、前項に登場した伊万里市民図書館のエントランスに掲げられていた、まさにその宣言だ。

日本図書館協会は「武雄市の新・図書館構想について」でこう説明している。

「当協会が図書館運営のよりどころとして示している『図書館の自由に関する宣言』では『図書館は利用者の秘密を守る』ことを明らかにしていますが、これは『図書館利用者は、個人のプライバシーと匿名性への権利を有するものである。図書館専門職とその他の図書館職員は、図書館利用者の身元ないし利用者がどのような資料を利用しているかを第三者に開示してはならない。』(「IFLA図書館と知的自由に関する声明」一九九九年三月二五日国際図書館連盟理事会承認)と国際的にも公認された原則です。

特定の個人の利用履歴ではなく、例えば四〇代・男性が利用した資料などのデータは、図書館運営の評価等にとって重要なものであり、図書館で収集、活用されています。これが図書館運営と無関係に、指定管理者の企業の本来事業に活用するために提供できることか、慎重な検討が必要です」

樋渡市長は直後の二〇一二年六月の市議会で、Tカードと従来の図書館カードを利用者が選べるようにすることやTカードの個人情報や貸出履歴は図書館内での利用にとどまり、一切外へ出ることはないと答弁。実際、二〇一三年四月の開館後には、Tカード図書館カードを作成する際に渡される「武雄市図書館利用に関する規約」でも、「図書館利用者登録及びその他図書館で知り得た図書館利用者の一切の個人情報は、図書館の運営業務についてのみ使用することとし、その他の目的には一切使用しないものとする」「図書館利用者の個人情報に紐付く図書等の貸出履歴情報は、図書等の返却後、速やかに図書館の電子計算機等一切のシステム内から削除するものとする」と明記された。

これ以外にも、日本文藝家協会が二〇一二年九月に「図書館業務の民間委託についての提言」を公表。各都道府県の教育長宛てに送付されたものだが、営利目的の企業に業務委託することにより、「図書館の基本的な使命が損なわれるのではないか」と危惧を表明した。その上で五つの提言を行っているが、そのうち五点目にはこうある。

「貸出に際してポイントサービスなどの営利企業のシステムをもちこまない。ポイント制については、会員各位から、いたずらに青少年の利欲を刺激して煽る懸念があり、教育的配慮に欠けるのではないか、と特に危惧する意見が出ています。何冊借りたかではなく、何冊きちんと読んだかが、読書の本来ではないのかといった慎重な意見が多いことを申し添えておきます」

これは明らかに、武雄市図書館が導入するTカードを想定した提言だろう。

また、日本書籍出版協会も二〇一三年三月、樋渡市長宛てに質問状を送付、その中でTカードのポイント制は「一民間業者であるCCCへの割引販売による利益誘導を行っているとの見方も可能」であり、「著作権法第38条第4項に定められた、非営利無償の貸与の範囲を逸脱するのではないかとの疑い」も生じるとして、市の見解を訊ねている。

これに対し樋渡市長は、Tカードは「新図書館構想で実現したい市民価値の一つ」とし、「利用者が借りる際、著作物一冊ずつにそれぞれポイントを付与するのではなく、利用者が自動貸出機を利用したときのみ『窓口業務の省力化に協力していただいた意味合い』で一日に一回ポイントを付与するものです。窓口業務が省力化されることにより、図書館司書がレファレンスサービスに対応できる時間が増えることになります。これにより、市民価値の向上が図られるものと思料いたします」と説明。「非営利無償の貸与の範囲を逸脱するものではないかというご指摘には当たらないものです」と文書で回答している。

また、図書館友の会全国連絡会も二〇一三年七月に「武雄市図書館の民間会社による管理・運営に関する声明書」を発表、あらためて武雄市図書館のあり方に疑問を呈している。

これまで挙げてきたさまざまな声明や意見は、Tカードの問題だけではなく、指定管理者をCCCにすることへの疑義など多岐にわたっているのだが、ここでは一部の紹介とする。

こうして見てみると、時と場合によっては対立してきた図書館界と出版・作家業界が、一斉に武雄市図書館に反発している構図だ。それほどまでに、武雄市図書館とは従来の図書館像から〝逸脱〟したものだったことがわかる。

二〇一三年一〇月に横浜市で開かれた図書館界最大のイベント「図書館総合展」でも、武雄市図書館は話題の中心だった。樋渡市長や慶應義塾大学の糸賀雅児教授が登壇し、武雄市図書館の検証フォーラムが開催され、数百人が見守る中で激論がかわされた。糸賀教授は武雄市図書館と伊万里市民図書館の利用実態を調査、武雄市図書館では図書館資料を使っている利用者が二割程度と低かったことから、「公設民営のブックカフェ」ではないかと指摘。「集客力をもった本のある公共空間を生み出した」と評価しながらも、図書館としてのあり方に問題提起を行った。

†武雄市図書館を絶賛する地方自治体の首長や議員、研究者

一方、高い熱量を持って武雄市図書館を絶賛する人たちもいる。武雄市図書館を視察し

た他の地方自治体の首長や議員、そして行政を専門とする研究者たちだ。ツイッターで人気のある千葉市の熊谷俊人市長が、二〇一三年八月にこんな投稿をした。

「昨夜、武雄市の図書館に初めて行きました。結論としてこれは図書館ではないですね。武雄市初のスタバがあり、本格的な書店やレンタル店が入っている、ちょっとオシャレな知的集客施設です。デートで来る人たちが多いことからも特異な存在であることが理解できます。新しい概念の施設で刺激を受けました」

やはり、武雄市図書館を視察したという神奈川県横須賀市の吉田雄人市長も同じく八月、公式サイトで「図書館のあり方について、衝撃的な問題提起を受けました」として、こうつづっている。「武雄市の樋渡市長とTSUTAYAの後藤さんのプレゼンをお聞きして、もっと驚いたのは『図書館づくり』を『まちづくり』としてとらえていることでした。確かに、さまざまな議論があるのは承知しています。個人情報の管理、販売と貸し出しの線引き、社会教育と商業との整合など、あげつらっていけばきりがありません。しかし、図書館カードの保有者の数の伸びや三カ月でこれまでの一年間の利用者数を超えた話などをお聞きするにつけ、市民からの強い支持を受けていることは間違いないと感じました。そして武雄市という町のイメージも格段に向上していることも事実です」

元経産省官僚である中部大学の細川昌彦教授も六月に公式サイトで「感動の図書館ツアー」として、武雄市図書館と伊万里市民図書館の見学記を書いている。「本来の図書館の役割は？　目的は？　との批判も覚悟の上。レファレンス機能など伝統的な図書館の役割・サービスは多少犠牲にされている面もあるでしょう。気をつけなければ、書店＋カフェが主で、図書館が付随になる恐れさえもある。しかし武雄市という地方の小さな温泉町としては、域外からの『集客』が自治体経営の重要な戦略目標の一つです。そういう町では、図書館の目的のプライオリティも違ってくる。むしろ図書館法上の『図書館』の概念からはみ出た『図書館』なのかもしれない」。そして、「また図書館だけ見ていてもこのような発想にはならない。集客に関係する他の施設も含めて『複合的に』見て戦略を立てることが必要」としている。

慶応義塾大学の上山信一教授も六月と八月にブログで「なぜ武雄市立図書館はすごいのか」というエントリーを二回に渡り書いている。書き出しからして、「今、話題の武雄市立図書館に行ってきた。私はこれまで国内外、さまざまな施設を見学してきたが、今回は参った。『市役所でもここまでできるのか』と圧倒された」と手放しだ。

上山教授の専門は企業・行政機関の経営戦略と組織改革であり、「本件は官民連携の先駆事例の意義を秘めている」と指摘している。その理由として、「社会教育施設としての本来の使命を果たしている」「利便性の飛躍的な向上」などを挙げながら、「だが武雄市立図書館は、図書館法や司書制度をたてに『図書館を守れ』と主張する業界関係者や御用学者から『いかがなものか』という批判を受ける。しかし批判の多くは『公立の使命が果たして民間企業に果たせるか』といった抽象論が多い。公立としてまともに使命を果たそうと真剣に考えた末に出てくるアイディアがCCCとの連携だったわけである。民間の力を借りたら図書館の使命が損なわれるという識者の批判はあたらない」と図書館界からの批判に反論。「武雄市の事例に刺激を受けて全国の公立図書館の見直しが始まることを願う」と結んでいる。上山教授は日経ビジネスオンラインでも「武雄市図書館をけなすヒマがあるなら、読書人口を増やせ」という記事を寄稿し、話題を呼んだ（二〇一三年八月二十二日付）。

他にも、ちょっと検索すれば武雄市図書館を視察した地方自治体、行政関係者の羨望ともいえる声がインターネット上にあふれていることに気づく。どうして、武雄市図書館は彼らを惹きつけるのだろうか。理由のひとつには、公的な施設としての「集客力」にある。

武雄市図書館は開館から半年、二〇一三年九月末までに五二万人が訪れ、年間目標だった五〇万人の来館者数を突破した。一日の平均来館者数は二八〇〇人、週末となれば四〇〇〇人が訪れる。図書貸し出しの利用者割合も興味深い。市内居住者が59・3％に対し、市外居住者が31・7％、県外居住者は6・1％にのぼっている。市外、県外からの来館者が多いのだ。

図書館を担当する武雄市教育部文化・学習課の錦織賢二係長は、こう説明する。

「去年（二〇一二年）四月と今年（二〇一三年）四月を比べると、長崎自動車道の武雄北方インターチェンジで降りた自動車が四〇〇〇台も増えている。一台に二人乗車している計算で八千人が日帰り観光したとすると、月額で三四〇〇万円程度の経済効果が見込まれます。そのまま十二カ月で計算することはできないかもしれませんが、年間三億から四億円の数字になる。これ以外にも、インターチェンジを使わない方もいらっしゃるし、武雄市に宿泊されていく方もいらっしゃるでしょう。図書館でありながら、地域経済にも影響を与えています」

ここで、武雄市図書館のエントランスに何があったかを思い出す。武雄市図書館公式ガイドブックと銘打たれた『たけお散歩』という本だった。図書館としてではなく、集客施設として見た時、武雄市図書館はまぎれもなく「成功例」なのだ。行政を学んだり、実際に自治体の運営に携わったりしている人たちからすれば、武雄市図書館は図書館を開拓したイノベーションとして映るのも無理はない。

その象徴ともいえるニュースがあった。二〇一三年十月、武雄市図書館は金沢21世紀美術館（金沢市）および旭山動物園（北海道旭川市）と文化施設連携パートナーシップを結んだ。三つの施設では今後、情報共有を行って連携を深めていくというが、金沢21世紀美術館も旭山動物園も、全国から観光客が訪れる名だたる集客施設である。図書館がそうした施設と比肩すること自体が異例だろう。調印式に合わせ、金沢市で開催されたフォーラムの案内文には、「公共施設の固定概念を覆し、極めて多くの入場者が訪れる施設の開設に成功した自治体の市長が一堂に会します」とあった。

図書館の固定概念を覆した武雄市図書館のコンセプトとは一体、どのようなものだったのだろうか。

†樋渡市長が目指す市民価値の向上

「いまの公共図書館なんか、実態は官営図書館であって、全然、公共じゃないですよ。そして官営だから面白くない。だから今回の図書館のプロジェクトというのは、私からしてみれば図書館の解放宣言なんです」

武雄市図書館の関係者のインタビューなどをまとめた『図書館が街を創る。「武雄市図書館」という挑戦』の中で、樋渡市長はコミュニティデザイナー、山崎亮さんと対談、こう断言している。CCCの関連会社ネコ・パブリッシングが出版したものなので、ほぼ公式に近い本だろう。こうも語っている。

「市民の20%しか利用していない図書館というのも、そのままではやはり負債ですよ。それをきちんと資産にできる道を指し示す。それも行政の使命だと思うんです」

樋渡市長が以前の図書館を「負債」ととらえ、それを全国から注目を集める図書館に再生させたという首長としての自負がうかがえる。二〇一三年八月に文化環境研究所から発行された雑誌『Cultivate No.41』でも、樋渡市長のロングインタビューが掲載されていた。この雑誌は博物館関係者が読者層で、インタビュアーは公共経営などが専門の慶応義塾大学総合政策学部の玉村雅敏准教授だ。

「図書館による図書館のための図書館とでもいいますか、そういうドグマに囚われているのは、僕はとっても嫌で、僕らがめざしたのはAKB48のような、エンターテインメントの施設なんですよ」と樋渡市長はインタビューの中で話している。「ディズニーランドはホスピタリティーを産業化しました。じつは僕らがめざすところも同じなんです。今度は自治体が産業化する番なのです」

武雄市図書館はエンターテインメント施設であり、産業化した自治体の事業だと樋渡市長はとらえているのだ。

樋渡市長はこうも語る。「僕らは市民が喜んでくれたら、それでいいと思っています。いわゆる市民価値が高いことをやるだけ。だからといって、スティーブ・ジョブズがiPhoneを生み出した時のように、市民のいうことをそのまま聞こうとは全然思っていないんですよ（笑）。ジョブズは他人の話を何も聞いていなかったらしい。単純に自分が欲しい携帯電話をつくっただけで、それが一般のユーザーから『こういうのを待っていたんだ』と支持された。だから僕らは媚びない。

それに僕らはこの図書館も商品だと思っていますから、この図書館がiPhoneだとすれば、今度僕らはiPadをつくらないといけないんですよ。iPhoneとiPadの商品哲学は一緒です。だからこそ、そのコンセプトの延長線でコンプレックスをつくらないといけない」

樋渡市長が武雄市図書館について語る時にしばしば登場する言葉が、「市民価値」だ。

それはどのようなものなのか。

「プライド、誇りです。地方って何もないとか、自虐的で、東京に出ないといけないとか、そういうのが明治以降、強迫観念のようにあります。それが元でいまの日本は保てなくなってきているのかもしれません」「武雄にもいろいろな問題や課題はありますが、やはり自分たちが生まれ育ったところですし、また他の地方から移り住んだ方にも、『ここで何かやりたい』と思わせるために、武雄市図書館や病院を民営したことがきっかけになってくれればいいと思っています」

東京中心の価値観を地方からくつがえす。樋渡市長はやはり、図書館という聖域を聖域とせずに行政改革を行ったということなのだろう。同じような課題を抱え、収益が上げられる施設ではない図書館をなんとかしたいと思っている地方自治体にとって、武雄市図書館は先駆者にみえるのだ。

事実、武雄市図書館のフォロワーは出現している。宮城県多賀城市は二〇一三年七月、二〇一五年に開館する予定の新しい図書館の設計で、CCCと連携すると発表した。報道によると、多賀城市の菊地健次郎市長が武雄市図書館を視察し、CCCと誘致交渉を進めてきたという（二〇一三年七月十二日付朝日新聞）。

また、山口県周南市でも図書館を核施設としたJR徳山駅ビル計画でCCCと連携することで合意。神奈川県海老名市立図書館でもCCCと図書館流通センターの共同事業体を指定管理者にした改修計画が進んでいる。CCC側も高橋聡執行役員が「システムなどにかかった投資を回収するには、武雄のような図書館が一〇館以上必要」と発言している（二〇一三年九月十一日付朝日新聞）。他の自治体の首長や議員たちの絶賛ぶりをみれば、今後もCCCを指定管理者とする武雄市図書館のような公立図書館は増えていくだろう。

代官山蔦屋書店の空間が図書館に

やや長くなってしまった前置きをふまえ、武雄市図書館の中へと進んでみよう。館内を見渡して真っ先に抱いた印象は、「ここは、代官山の蔦屋書店？」だった。スターバックスカフェと、三〇メートルに伸びる雑誌のゾーン「マガジンストリート」が一階フロアのメインを占める。武雄市図書館には、CCCが運営する東京都渋谷区の「代官山　蔦屋書店」のノウハウが活用されていると聞いていたが、本当に代官山の店舗がそのまま移築してきたようだった。

武雄市が図書館を計画中に市民アンケートを実施したところ、「増えたらうれしいサー

CCC が指定管理者となり、話題を呼んでいる佐賀県の「武雄市図書館」。入館するとすぐに蔦屋書店とスターバックスのスペースがある

ビス」の一位がカフェ、「増やしてほしいジャンル」の一位は雑誌だったという。カフェでは本を持ち込んでコーヒーを飲みながら読むことが可能で、平日の昼間だったが若い女性の姿が目立った。武雄市教育部の錦織係長によると、「今まで行政とは一番無縁だった二十代、三十代の若い人たちが来てくれるようになった」そうだ。

夕方以降は、仕事帰りの利用者が多いという。開館時間も従来の午前十時から午前九時に早まり、閉館時間も午後六時から午後九時まで延長している。延長された時間帯の利用者は、一日平均五〇〇人。これまで全日の一日平均が七〇〇人だったことからも、開館時間の延長は歓迎されているようだった。若い世代や平日昼間は働いている人たちなどこれまでの図書館ではみられなかった利用者も増えている。

ライフスタイルのジャンルに絞られた雑誌六〇〇タイトルが並ぶ「マガジンストリート」は、新刊本が配置された蔦屋書店ゾーンの棚とあまり明確な区分がないままに、図書館ゾーンへと続く。図書館ゾーンは、書店ゾーンと同じようにライフスタイルの本を中心に配架されていた。「料理」「旅行」「人文」などのジャンルに独自分類された図書が小部屋ごとに見られ、書店と図書館は本棚だけでなく、本のジャンルもシームレスになっている。「売られている本と図書館の本の区別がわかりづらい」という声も聞かれるが、本棚では販売本は白、図書館本は黒とサインを色分けされており、さほど広くはないフロアなので、何度か通って配置に慣れてしまえば問題ないと感じた。

フロアで存在感があったのが、「セルフカウンター」と呼ばれる自動貸出機だ。どの図書館でも最近では備えているものだが、武雄市図書館ではセルフカウンターで書店の本も会計できる。ＣＣＣが独自に開発したものだそうだが、お年寄りや小さな子供も使えるのかと確認したところ、85％の利用者がこのセルフカウンターを使って本の貸出や精算の処理を済ませているという。

あらためて図書館内を見回し、普通の図書館ならあるはずのものがないことが気になった。「レファレンスカウンター」の表示だ。館内四カ所にカウンターは設置されており、スタッフは貸出や販売、フロアの案内に忙しく立ち働いていたが、レファレンスの案内はどこにも示されていなかった。ＣＣＣの広報担当者に確認すると、これらのカウンターでレファレンスも対応するとのことだった。そこで気になるのが、スタッフの体制だ。

市の直営だった武雄市図書館では、嘱託の館長以下、嘱託司書一五人が最長五年の単年度契約で働いていた。指定管理者制度を導入する際、司書の人たちには学校司書などの職場も用意したが、本人たちの希望もあり、武雄市が運営していた時代と同じ条件でＣＣＣ

が継続して雇用しているという。錦織係長は、「図書館のノウハウはやはり司書が持っているものなので、サービスの継続性ということで、非常にありがたかった。基本的な図書館の運営は、市が仕様書を作っている。これまでと同じようにボランティアと連携して、読み聞かせやブックスタートなどを継続してやっていただいています」と説明する。

武雄市図書館の杉原豊秋館長は、直営時代からの館長だ。メディアで「TSUTAYA図書館」と呼ばれるような図書館への大幅な転換に対し、「懸念や不安もありました」とインタビューで明かしている(『図書館が街を創る。』より)。それでも杉原館長が館長留任を要請され、続投を決意したのは、図書館が持つべき「公共性」をないがしろにされないようにするためだったという。

利用者目線からいえば、図書館にカフェや書店があり、夜まで開館していることは無条件にうれしい。東京都千代田区の「日比谷図書文化館」や東京都武蔵野市の「武蔵野プレイス」のようにそれぞれ規模や配置は異なるが、同じようにカフェや書店が備えられている図書館機能を持つ施設は他にもある。日本の図書館では一般的な図書の分類方法、「日本十進分類法」ではない独自の配架も、他の図書館で最近、コーナー作りでよく見られる手法だ。武雄市図書館のサービスを一つ一つ、つぶさに見てゆけば、決して突飛なものではないと思っている。

しかし、図書館の屋台骨は、司書の人たちによる蔵書のコレクション構築や資料の活用だ。これればかりは公共性を持つ図書館でしかできない仕事である。図書館の活動とは、十年、二十年かけて、初めて実るものであり、今、武雄市図書館への評価を拙速に下すことはできないと考えている。未来にならなければ、その本当の価値はわからないのではないだろうか。そして、その価値を作るという重責を担っているのが、他の誰でもない、今、武雄市図書館の現場で働いている人たちなのだ。心からエールを送りたいと思う。

†武雄市が世界に誇る武雄蘭学コレクション

さて、ここに一冊の展覧会図録がある。丁度、武雄市図書館が華やかにそのオープンを迎えていたのと同時期、二〇一三年四月一六日から七月七日にかけ、九州国立博物館では「江戸のサイエンス」という展覧会が開催されていた。その展覧会のサブタイトルは「武雄蘭学の軌跡」。武雄市は、幕末の佐賀藩の優れた科学技術を示すコレクションがあることで知られている。この展覧会は九州国立博物館と武雄市教育委員会が共催し、そのコレクションを紹介することで武雄蘭学がいかに近代日本へ影響を与えたかを知らしめるものだった。

武雄の地を治めてきたのは、佐賀藩鍋島家の家老を務める家柄の武雄鍋島家だ。第二十八代領主、茂義（一八〇〇～六二）は、深い教養と厳格な人柄の持ち主だった。幕末、押し寄せる西洋列強に対抗するために、領内で蘭学を進取し、近代化事業を進めた。茂義の主導のもと、近代ヨーロッパの自然、人文科学の知識が詰まった蘭書や、天球儀や地球儀など多様な文物が武雄にもたらされている。専門家の間では、評価の高い資料なのだ。

ここまで図書館のことしか言及してこなかったが、武雄市図書館の正式名称は「武雄市図書館・歴史資料館」であることを思い出さなければならない。九州国立博物館の展覧会で紹介されたコレクションは、歴史資料館が所蔵、管理している。図書館リニューアル前は「蘭学館」と呼ばれた常設展示施設だった。現在、蘭学館があったスペースは、TSUTAYAのレンタルビデオ・DVDのコーナーに様変わりしている。

歴史資料館では常設展示がなくなり、年に数回の企画展が開催されることになったという。私が訪れた二〇一三年八月末は残念ながら、展示替えの時期とのことで、見学することは叶わなかった。そのせいか、「歴史資料館」がどこにあるのかすらもよくわからなかったのだ。歴史資料館に何が起きたのか？

以前の図書館同様、樋渡市長は蘭学館を「負債」ととらえていたようだ。「武雄市図書館にも『蘭学館』というスペースがあって、そこには江戸時代の蘭学資料が収蔵されているのですが。正直あまり使われてはいなかった。そこを今度は映像と音楽のスペースにして、夜はずっと映画を流しておこうかと考えています。いまあるもので何でもできるんですよ。負債じゃない。みな資産にできるんです」と樋渡市長自身が語っている（『図書館が街を創る。』より）。その結果、常設展示スペースは取り払われた。

樋渡市長は二〇一三年六月、ツイッターでこうも述べている。「もともと蘭学館は常設展示。でも長期の展示では資料が劣化。だから天球儀や錦の御旗、アームストロング砲などのレプリカを展示してきた。今の図書館で開催するのは企画展示。これは期間が限られているので、基本的に本物を展示してます。市民には本物を見てもらいたい」。なるほど。樋渡市長の言うことは、理にかなっているようだ。

この時、ツイッター上で樋渡市長と対話し、歴史資料館への現状認識を引き出したのが、科学史の専門家である電気通信大学の佐藤賢一准教授だった。今、私の手元にある「江戸のサイエンス」の展覧会図録は佐藤准教授からの借りものだ。佐藤准教授は以前の歴史資料館を五回以上訪れ、武雄蘭学のコレクションを調査。その見地から希少価値を指摘する。

「市のコレクションだけで国立博物館で数カ月にわたる展覧会が開けるというのはすごいことです。武雄は幕末から明治時代にかけて、当時の最先端の科学技術を取り込んでいました。コレクションには戊辰関係、科学技術関係、美術関係、蘭書などが含まれていますが、量的にも質的にも素晴らしく、この時代の歴史や文化を学ぶ上では欠かせない資料です。世界に誇る文化財をいつも見られる状態だったのに、死蔵してしまっているのはもったいないことです」

恥を承知の上で話せば、私はそんなに貴重なコレクションが武雄市にあることを知らなかった。しかし、無知であることを自覚しているがゆえに、旅や仕事で初めての土地に出かけた時は、できる限り時間を作り、その土地の博物館や歴史資料館、郷土資料館などに足を運ぶようにしている。その土地を理解するにはまず、その歴史を知らなければ始まらないのだ。

ただ、今回はタイミングが合わず、武雄市歴史資料館に常設スペースがなかったために、そのコレクションを拝見することができなかった。「蘭学館」という形を踏襲するか否かはさておき、国内でも外からの観光客を呼び寄せ、集客施設としても成功している歴史系博物館は枚挙にいとまがない。ましてや、武雄市の歴史や規模を考えれば、独立した常設展示の歴史系博物館があってほしいと遠方から訪れる身としては希望してしまう。

帰京した直後、せめてと思い、武雄市歴史資料館のホームページを開いてみた。とても実直な作りでわかりやすいが、同じ建物内にある武雄市図書館のおしゃれなサイトと比べるとやや見劣りしてしまうことは否めなかった。「負債」だった以前の図書館は指定管理者であるCCCによって「資産」へと生まれ変わった。では、併設されている歴史資料館も一緒にCCCへと管理、運営を委託してみるのはどうだろうかとつい想像してしまう。歴史資料館の活動を後退させるのではなく、それぐらい思いきった前進をすれば、「負債」も「資産」に変わるのではないだろうか？

†「武雄市図書館」はあなたの町にもできるかもしれない

なぜ、これほどまでに歴史資料館についてこだわったかといえば、理由がある。

正直、武雄市図書館は自宅の近くにあれば使うと思う。実際、利用者層を広げ、利便性を高め、市外県外からも来館者を招き入れている。その経済効果は評価されるべきだし、何よりも武雄市民の人たちの暮らしが豊かとなり、市民の人たちが喜んで使う図書館になったのであれば本来、市民ではない外部の人間がとやかく口を挟むことではないのだ。どのような図書館を望み、作るかは、その自治体の住民に委ねられるべきだと考えている。

しかし、他の図書館、いや、他の地域を見て歩いてきた者として提案したいこともあった。この本でも紹介した長野県小布施町の例がわかりやすいと思う。小布施町は二〇〇八年度に約一一二万人の観光客が訪れ、その経済波及効果は一〇五億円あったという。小布施町の北斎や名産の栗によるブランドイメージによる町づくりが成功しているのだ。

町立図書館である「まちとしょテラソ」も小布施町の歴史や文化財の資料を集め、町作りに一役買っている。私自身、何度、小布施町に足を運んだか数えきれないほどだが、なぜリピーターになったかといえば、他の地域にはないものに惹かれたからだ。小布施町でしか見られない町並み、小布施町にしかない美術品や文化財、小布施町でしか食べられないものが、私のような観光客に足を向けさせている（ちなみに小布施町にはスターバックスがない。その代わり、地元の人たちが居心地のよい飲食店を開いている。特に小布施堂の栗アイスが大好物で、そのためだけに小布施へ通ってしまうほどだ）。

今、武雄市図書館は確かに珍しいだろう。しかし、CCCは企業として当たり前の行動だが、全国の図書館に運営を広げる方針だ。もしも、あちこちに「TSUTAYA図書館」ができてしまえば、武雄市図書館の集客力は減っていくだろう。早ければ数年以内にそれは起きてしまうかもしれない。

そこで、力を発揮するのは、小布施町が築きあげてきたような、他にはないオリジナルのコンテンツ力ではないだろうか。図書館の話からやや逸脱してしまうが、もし現在の武雄市図書館に樋渡市長のいうようなエンターテインメント施設という側面があり、全国からの集客を目指すのであれば、たとえば世界に誇る武雄蘭学をエンタメ化して、武雄市のブランドとすることも十分、できると思うのだ。それが引いては、市民価値の向上にもつながるのではないだろうか。

世界的な規模のエンターテインメント企業であるディズニーの強みは、そのオリジナルコンテンツの持つ力にある。それと同様、武雄市にもぜひ、オリジナルコンテンツを創出してほしいと思う。樋渡市長は二〇一三年の図書館総合展で、子供向けの「キッズライブラリー」構想があることを語った。もし実現すれば、ユニークな図書館になるだろう。そして、武雄市図書館・歴史資料館にはオリジナルコンテンツを生み出す場として、今後のさらなる発展を望む。

市民ではない者があれこれ筆が滑ってしまい、武雄市民の方たちには申し訳ないとは思ったが、武雄市図書館が投げかけたさまざまな問題は、私たちにとって対岸で起きていることではないのだ。先述したように、全国の地方自治体の首長や議員たちは武雄市図書館を訪れ、その改革に感銘を受けている。あなたの住む町、私の住む町に武雄市図書館のような図書館が生まれても、まったく不思議ではない。

そこで、私たちはあらためて「図書館とは何か」を考えなくてはならない。両極にある例として、伊万里市民図書館と武雄市図書館を紹介したが、果たして自分たちの暮らす町で、自分たちの税金を使い、子供や孫の世代まで確実に使うであろう公共図書館のあるべき姿とは何か。

これら二つの図書館を見る機会があったら、ぜひ足を運んで考えて頂ければと思う。そして、伊万里市民図書館と武雄市図書館以外に他の地域にはどのような公共図書館があるのか。見比べて、自分たちの町の図書館像を作っていって頂きたいのだ。

指定管理者制度は特効薬か、毒薬か

†指定管理者制度導入が引き起こした論議

いつも使っている図書館がある日、夜遅くまで開館するようになったり、休館日が少なくなったり、以前より便利になっていたら……。その図書館は、指定管理者制度を導入したのかもしれない。

この十年間の公共図書館を語る際に、避けて通れないのがこの指定管理者制度の問題だ。二〇〇三年に施行されたこの制度は、国や自治体が管理する施設の管理、運営を民間企業やＮＰＯ法人などに代行させることができるというもので、小泉改革による公営組織の民営化の流れで創設された。施行当初より図書館界から強い反発があったことは、第2章で述べてきた通りだ。武雄市図書館への批判のひとつも、ＣＣＣを指定管理者にしたことだった。

美術館や博物館と異なり、図書館は無料貸出が原則で収益を上げることが難しい施設だ。来館者が増えれば増えるほど、図書館の管理、運営費用も増していくため、営利団体である企業の運営に図書館はなじまない。数年の契約で指定管理者が変わる可能性があるため、専門性の高い司書や職員の人材育成にも向かない――そういう批判が根強くあるのだ。

議論はいまだ続いているが、財政難により図書館予算を減らしたい自治体や柔軟なサービスを展開したい公共図書館による導入は近年、じわじわと増えている。日本図書館協会が二〇一三年八月に発表した調査結果によると、都道府県立図書館では、これまでに岩手県立図書館、岡山県立図書館に加え、二〇一三年度は新たに愛知県図書館でも導入された（岡山県と愛知県は施設管理のみ）。市町村立図書館では、二〇一二年度までに導入した自治体は一五六カ所。二〇一三年度に導入予定の自治体が二二カ所、二〇一四年度以降に導入を予定している自治体は三六カ所にのぼっている（回答ベース）。

日本図書館協会など、図書館関係者が危惧していた通り、指定管理者制度を導入した図書館で安い賃金や短期的な雇用に苦しむ職員がいることも事実だ。二〇一三年二月、「公務員の代替時給一八〇円　指定管理者の労働実態」というショッキングな記事が雑誌

『AERA』に掲載された（二〇一三年二月二十五日号）。東京都足立区の区立図書館で働いていた元副館長の女性の告発で、当時の東京都の最低賃金額の時給八三七円に満たない時給でパート職員が作業をさせられた実態を明らかにしていた。

しかも、その作業の違法性を会社に指摘していた女性は突然、契約更新を拒否されたという。副館長という重責にもかかわらず、女性自身も指定管理者である会社の契約社員という立場だったのだ。これは「雇い止め」と言われるもので、立場の弱い有期契約社員にとっては実質の解雇に等しいとして、社会問題にもなっている。女性は、この雇い止めを不当として二〇一三年八月、会社側を相手どり従業員としての地位確認などを求める訴えを東京地裁に起こした。

女性の弁護を担当する北千住法律事務所の金湖恒一郎弁護士は、指定管理者制度についてこう批判している。

「この『指定管理者』制度は、図書館や体育館などの公共施設の管理・運営を民間施設に委ねるもので、皆さんも、佐賀県武雄市で、大手レンタルビデオチェーンの『TSUTAYA』が図書館の施設運営を行っているというニュースを耳にされたかもしれません。しかし、この『指定管理者』制度は、受託企業が『利ざや』を確保するため、職員の労働条件を不当に切り下げるなど過度のコストカットを行い、ひいては公的サービスの質の低下につながる、といった問題点が指摘されていました。今回の事件は、まさにその懸念が現実化したものといえます」(「北千住法律事務所」公式サイト)

しかし、これまでに本書で紹介してきた東京都千代田区の「千代田図書館」のように、指定管理者制度を導入し、優れた活動を実現している図書館もある。

果たして、指定管理者制度とは、低迷する公立図書館にとって起死回生の特効薬なのか、それとも死に至る毒薬なのだろうか。その問題の所在を探ってみたい。

†五社が指定管理者として運営する「日比谷図書文化館」

東京・日比谷公園にある三角形のユニークな建物。かつては一〇〇年の歴史を誇った東京都立日比谷図書館だったが、二〇〇九年に千代田区へと移管され、現在は「日比谷図書文化館」という千代田区立の施設となっている。移管後は大規模な改修が行われ、二〇一一年一一月に開館。従来の「図書館機能」に加え、「ミュージアム機能」や「文化活動・文化交流機能」を融合させる総合文化施設に生まれ変わった。

図書館としては、旧都立日比谷図書館の蔵書がそのまま受け継がれたわけではない。千代田区へ移管される際には目ぼしい蔵書は都立図書館へ引きあげられたり、他の図書館へ譲られたりした後だった。現在、もともと東京市立駿河台図書館（現在の千代田図書館）が保存していた「内田嘉吉文庫」一万六〇〇〇冊や江戸・東京の地域資料などの古書を手にとって閲覧できる四階の「特別研究室」が日比谷図書文化館の特色あるコレクションとなっている。

内田嘉吉は明治時代から大正時代にかけて活躍した逓信官僚・政治家で、豊富な植民地行政資料や海洋資料が内田嘉吉文庫の特徴だ。外国語図書が七割以上を占めており、特に中世から一六世紀の古地誌と航海誌を網羅し、世界的に評価の高い「ハクルート叢書」の第一期刊行分一〇〇冊をほぼ揃えており、研究資料として貴重という。

この他、二階から三階にかけての図書館フロアには、一五万冊の蔵書がビジネス、ライフスタイル、地域・まちづくり、芸術など四つのカテゴリーに分けられて配架されている。全国の美術館から図録やチラシを寄贈してもらっているアート情報支援コーナーや、六〇〇近いタイトルの雑誌が揃えられているのも特色だ。

図書館以外には、一階に千代田区や江戸の歴史を紹介する常設展示室と年、四回から五回ほどの展覧会が行われる特別展示室がある。ホールも大小あり、特別展関係の講演会などさまざまなイベントが開催されている。もちろん、カフェやレストランも併設。一階のカフェには図書フロアの書籍の持ち込みが可能で、カフェ内のショップでは書籍や特別展の関連商品の販売が行われている。

官庁街の霞が関が近いとあり、平日の利用者はスーツ姿の人が多い。平日は午後十時まで開館しているが、図書館のカウンターが最も混雑するのは、正午から午後一時までの昼休みの時間帯と午後八時前後。仕事帰りに立ち寄って調べものなどをする人が目立つという。その九割以上が、千代田区外の利用者だ。

ここも千代田図書館同様、公的施設とは思えない便利さでビジネスパーソンに人気だが、やはり指定管理者が導入されている。小学館集英社プロダクションなど五社で構成する「日比谷ルネッサンスグループ」が管理、運営を行っているのだ。そのうちの一社が、「図書館流通センター」（ＴＲＣ）。もともとは、図書館向けに書誌データの作成と販売を行ってきた会社で、「TRC MARC」と呼ばれる図書館専用の書誌データベースを提供、日本の公共図書館三二三四館のうち、実に二七一五館で採用されている（二〇一三年四月現在）。

しかし、現在はデータベースや図書販売だけではなく、指定管理者として図書館の運営業務も手がけている。ＴＲＣによると、公共図書館三二三四館のうち約八〇〇の図書館で民間が運営に携わっているという。そして、TRCは指定管理者である一八六館を含め、全国で三八五館の図書館業務を受託している。二〇一三年の「Library of the Year」では、TRCが指定管理者であるこの日比谷図書文化館とPFIで運営する長崎市立図書館の二館が、優秀賞に選ばれている。

図書館の指定管理者、最大手ともいえるTRC。指定管理者制度が施行されて十年、指定管理者としてどのようにノウハウを築き、課題をクリアしてきたのか。現在、抱える問題はどのようなものか。東京都文京区にあるTRCを訪ねてみた。

†図書館側からの要望で始まった運営業務委託

「指定管理者制度の導入は、自治体の図書館予算が減ってきたことが大きいです。バブル崩壊以降は自治体の予算が減り、図書館の予算も減らされた。でも、お客様のニーズはもっと開館時間を長くしてほしいとか、休館日を少なくしてほしいとか、予算減少と交差するみたいに要望は高く、増えていった。でも、夜十時まで開けたいと思っても公務員の制度の中では無理です。民間にアウトソーシングするしかありません」と話すのは、TRCの谷一文子会長だ。もともとは地方の公立図書館で司書として働いていた叩き上げ。多くの図書館の現場を見てきた。

谷一会長が示したグラフ（一八一頁）には、見事な折れ線が描かれていた。日本図書館協会が発行している統計資料「日本の図書館」をベースに作成されたもので、資料費の最大ピークである一九九八年を1・00とした指標推移だ。図書館総数や個人への貸出冊数は右肩上がりだが、資料費や専任職員数は右肩下がり。ニーズは高くなっているが、肝心の図書館を支える屋台骨はどんどんやせ細ってきているのが如実にわかる。

TRCでは指定管理者制度が施行される以前、一九九六年から図書館の運営委託を受けていた。最初は全国で一〇館に満たなかったが、二〇〇二年、一気に三〇館へと増えた。TRCにとって新規事業を拡大する戦略だったのかと思いきや、谷一会長は意外なことを語った。

「丁度、自治体がアウトソーシングをやろうとしていた時期でした。TRCは図書館のデータベースを作っていて密接に取引をしていましたから、図書館に詳しい企業として声がかかりました。最初は他に業者がいなかったので、TRCならできるのではと自治体から相談を受けて運営受託を始めたイメージです」

指定管理者制度以前から、図書館を営業で回っていたTRCの社員は、図書館の職員か

図　図書館主要指標の指数推移（資料費の最大ピークである「1998年＝1.00」）

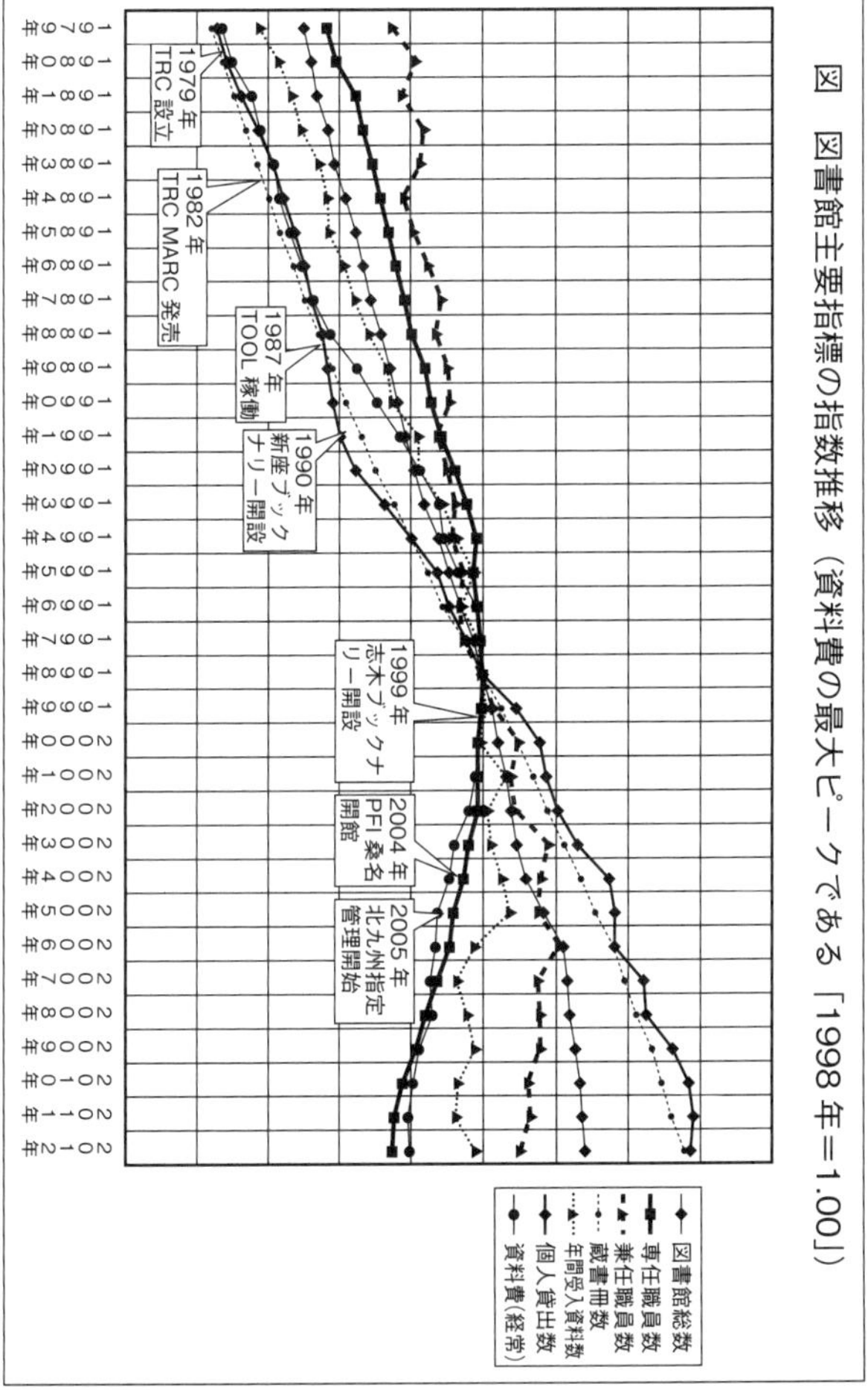

日本図書館協会『日本の図書館』を参考に谷一会長が作成

らよく相談を受けていたという。例えば、「他の図書館はどんなイベントをやっていますか」といった疑問や、「イベントを開きたいけれども、作家さんを紹介してもらえないか」という要望だ。それに応えようと、取引先の出版社に取り次ぐなど協力していくうちに信頼を得るようになった。また、85％の公立図書館のインフラであるＴＲＣの書誌データベースを社員が使えることも、現場では歓迎された。

そのため、指定管理者制度が施行された二〇〇三年以降、ＴＲＣは急速に受託図書館を増やしていく。数字だけ見れば、順調に業績を伸ばしていったように思えるが、実際はそう簡単ではなかった。「やってみたら、思っていた以上に大変でした」と谷一会長は笑う。

「まず、図書館の力がずいぶん落ちていると感じました。財政力が落ちて職員が減る中で、名物司書がどんどん減っていった。臨時職員ばかり雇っている図書館が多い。それに伴って、利用者の方に図書館のサービスのことが伝わらなくなっている。ネットワークを利用して他の図書館からも本を借りられるとか、たくさんの素晴らしい地域資料があるとか、図書館本来の力が使いこなされていませんでした。もっと使って頂けていると思っていましたが、無料貸本屋のように使われていた」

ＴＲＣも、ノウハウを蓄積する必要があった。例えば、選書。どのようにその図書館の方針に沿った蔵書を構築していくか。それまでは自治体の正規職員の聖域とされていた、郷土資料のレファレンスといった専門知識が必要な仕事もノウハウが求められた。

「この十年は研修に時間とお金をかけて、ノウハウの蓄積をしてきました。ずっと働いてもらいたいので、人材育成にも力を入れています。今、全国で五〇〇〇人ほどのスタッフが図書館で働いていますが、そのうち司書資格を持っている人は六割です。司書資格がなくても、取りたいと思う人への支援もしています」

六割という数字に驚いた。日本図書館協会の統計によると、二〇一二年に公共図書館で働く専任職員一万一六五二人のうち、司書もしくは司書補は、六〇五三人。約五二％で六割に満たない。司書資格があるかないかで、その職員の能力すべてがはかれるとは思えないが、専門性の指標にはされている。

さらに、公共図書館の非常勤職員や臨時職員は、約一万五八〇〇人とある。専任職員を上回っているのだ。これらの数字は私立図書館なども含まれているものの、ある程度の目安にはなるだろう。自治体直営の公立図書館であっても、現場には非常勤や臨時待遇の職員が多く、「官製ワーキングプア」という批判を受けているのだ。

指定管理者制度では「専門職員の育成ができないのでは」と指摘されてきたが、こうしてみると官であろうが、民であろうが、現在の公共図書館の雇用環境はあまり変わらないように思える。もちろん、足立区の区立図書館で起きたことは論外ではあるし、TRCほど母体の大きな民間だからという条件は付いているが。

TRCの場合は、万が一、指定管理者契約を継続できずに職員の雇用を確保できなくなった時には、スケールメリットが働くという。

「例えば、栃木県内だったら一〇カ所の自治体で一九の図書館を受託しています。一カ所がだめになっても、他に働ける場がある。実際には契約更新を落としませんが（笑）。経験が活きる仕事ですから、ずっと働いてもらいたいので、年に何回も研修メニューを作って、時間とお金をかけています。遠隔地が多いので、ネットで研修を受けられるeラーニングを導入しています。この十年は人を育てることばかりやっていました。図書館は結局、人じゃないですか？」

†指定管理者から見た指定管理者制度の課題

スケールメリットは他の場面でも奏功する。プロローグで紹介した「ぬいぐるみのお泊まり会」。これは、谷一会長がアメリカの図書館で盛んに行われていることを知り、社内のグループウェアにアップしたところ、全国のTRC受託図書館で開かれるようになった。

全国に散らばる図書館スタッフは、自分たちで手がけて成功したイベントのノウハウをグループウェアで報告している。当日までにどのような準備が必要か、当日のタイムシートの作り方、パネルの作り方など。他にも、業務上の悩みやレファレンス事例などの情報がスタッフ間で共有されるようになっているという。

メリット尽くしのように聞こえるが、抱えている課題はないのだろうか。「指定管理者制度導入の目的をコストカットにされると困ります」と谷一会長は断言する。「お客様が増えれば、スタッフのシフトも増やさなければなりません。光熱費もかかってきます。来館者数が伸びるということは、市民が評価してくれているということですから、もっと図書館に予算をつけようという流れにならないと衰退します。そうでなければ、指定管理者制度を維持できません」

当然のことながら、民間企業として経費節減は常に意識している。「バックヤードの動線を見直して、人が効率よく動けるようにするなど、人件費は下げずに業務を見直すという企業努力はしています」。照明をLEDに替える。冷房費の節約にゴーヤを植えて育て、グリーンカーテンを作る。市民と一緒にゴーヤの収穫式を行い、図書館内にもゴーヤの本やグリーンの本をコーナーに置いて紹介する。ゴーヤは一例だが、そんな小さい努力をひとつひとつ重ねているという。

十年かけてTRCは指定管理者として業績を積み上げてきた。初めて図書館というマーケットに進出したCCCが指定管理者となった武雄市図書館は、どう映るのだろうか。

「武雄市とCCCは指定管理者制度に一石を投じたと思います。図書館に全く来なかったお客様に対するアプローチを私たちもしてきましたが、あの宣伝効果は見習わないといけない。一方で、樋渡市長のプレゼンテーションや町ぐるみでの図書館活動はうらやましいです」と同じく指定管理者を請け負う立場から一定の評価はする。

「私たちは良質なサービスを提供したいので、どうしてもお金が必要です。例えばカフェを作るために図書館を改装したいと思っても、自治体からの予算がないとできない。かといって、三年後に契約が続けられないかもしれない施設に対し、身銭を切った投資は難しいです。武雄市図書館はその点がうらやましいと思います。千代田区の日比谷図書文化館で実施してみてわかったことですが、良質の講座を開催すればお客様もそれなりの対価を払って来てくださいます。図書館は無料サービスというのが金科玉条のようになっていますが、付加価値のあるものについては、対価のあるサービスを実現させたいです」

そのためには、自治体と息のあった連携プレーが欠かせないという。自治体がコストカットのために管理を民間に丸投げしては、質向上にはつながらないのだ。自治体直営ではできないサービスを民間の知恵を活用して実現するために、指定管理者制度はあるはずだ。

「自治体の方針と私たちの図書館への思いとが、うまく歩調を合わせなくてはいけません。私たちは革新的なサービスをお客様のためにやりたい。でも、自治体の許可が得られなければできない。そういう壁は多々あります。そこで、指定管理者に管理、運営を任せたのだからもっと活用しようと思っている自治体と組むことができれば、サービスの向上は二倍にも三倍にもなる」

最後に、谷一会長はこう語った。「自分の意見を述べたり、考えたりする人が学校教育以外の場でも育成されなければいけません。私たちは図書館で、国民を育てているのだと思っています」

利用者の立場からすれば、指定管理者制度が導入されることで図書館の利便性が上がればうれしい。自治体の目的意識さえ明確であれば、指定管理者制度は決してコストカットだけをねらったものにはならないはずだ。

数年で指定管理者が替わってしまう問題は確かに内在し続ける。スポーツ施設などと違い、こと専門性の高い職員が必要とされる図書館においては、委託する企業の実績や資格などの条件を厳しく定め、きちんとモニタリングを行う。その代わりに契約途中であっても第三者からの高い評価が得られるようであれば、三年や五年ではなく、より長期間での契約延長を実現するといった運用も検討すべきではないだろうか。

裏を返せば、自治体直営の図書館であっても、低賃金で不安定な雇用の実態が「官製ワーキングプア」と言われ続けるようでは、指定管理者制度の是非にかかわらず、図書館はいずれにしても衰退する。直営だろうが、指定管理者だろうが、自治体のガバナンスが非常に重要なのだ。

指定管理者制度が施行されてから十年。公共図書館への民間進出という流れが止められないのであれば、この制度を使ってすぐれた図書館活動を実現するにはどうしたらよいのか。私たち利用者を含め、あらためて開かれた議論をすべき時を迎えている。

第６章
つながる公共図書館

「海士町中央図書館」の自慢は、田んぼの見える閲覧席

デジタル化、そして本棚から外界へ――青空文庫・国立国会図書館・飯能市立図書館

†青空文庫と国立国会図書館が目指す「電子図書館」

図書館へ本を借りに行きたいが、地元の図書館が自宅から遠かったり、どうしても仕事が忙しかったりして、図書館まで出向くことができない時。手元にあるタブレット端末やスマートフォンで図書館の本を読めたら、どんなに便利だろうか。

多忙をきわめるビジネスパーソンだけではない。歩くのが不自由な高齢者や病気の人、介護や育児でなかなか自由に外出できない人も、図書館に出かけるのは難しいかもしれない。インターネットで簡単に図書館の本を見ることができれば――そう考えてしまう利用者は多いはずだ。

公共図書館は誰に対しても平等に開かれるべきという前提に立つのならば、電子図書館

とは究極の図書館ともいえる。そうした理想を追い求めたひとつの形が、「青空文庫」である。日本では没後五十年で作品に対する著作権が消滅するが、青空文庫はそうした著作権保護期間が終わった作品をデジタル化し、インターネット上で無料公開している電子図書館だ。

芥川龍之介や夏目漱石、太宰治など名だたる文豪の作品もあれば、田村俊子とその夫、田村松魚といった知る人ぞ知る作家まで、実に一万二〇〇〇点を超える作品が収録されている。二〇一三年夏に公開された宮崎駿監督の映画「風立ちぬ」がヒットしたことで、堀辰雄の小説「風立ちぬ」もクローズアップされ、書店に平積みとなっているのを何度も見かけたが、これも青空文庫で読むことができるのだ。中には、著作権保護期間中でも、青空文庫の思想に共感し、作品公開を許諾した著作権者もいる。

日本の電子図書館の先駆者である青空文庫だが、公的な組織が運営しているわけではない。ボランティアの人たちがテキストを入力し、校正作業を行っている。その仕事には頭が下がる思いだったが、二〇一三年八月、悲しい知らせが青空文庫に関わり、または外部から応援してきた人たちに届いた。青空文庫の呼びかけ人のひとりである富田倫生さんの訃報だった。

富田さんは、「インターネットと結び付いた電子本なら、どこにいても、思い立ったその場で開けるようになる。青空を見上げれば、そこに本が開かれるような感覚で、読めるようになるはずだ」と考え、青空文庫を立ち上げた（青空文庫サイト内「〈イネーブル・ライブラリー〉としての青空文庫」より）。富田さんの遺志を後世へと語り継ぎ、実現してゆくために九月、東京・二重橋前の東京會舘で追悼イベントが開催。劇作家の平田オリザさんやジャーナリストの津田大介さんなど、そうそうたる顔ぶれが参加した。

その冒頭、基調講演を行ったのは、国立国会図書館の前館長、長尾真さんだ。長尾さんもまた、国立国会図書館という日本の公共図書館の中枢で、電子図書館構想を押し進めてきたその人である。青空文庫と国立国会図書館とは、それぞれ立場や規模は違えども、同じ理想のもとに成り立っている電子図書館であることが語られた。

長尾さんは二〇〇七年に国立国会図書館長に任命され、「国立国会図書館の本は、東京近辺の人なら自由に読めるのですが、遠くの人はそういうわけにはいかない。これを日本中の人が平等に使えるようにするには電子図書館だ」と考えたという。電子図書館構想には著作権問題など、大きな難関があったものの、二〇一〇年一月に施行された改正著作権法により、国立国会図書館では資料の保存を目的としたデジタル化を著作権者の許諾なく行うことができるようになった。また、四月からは国立国会図書館法の改正にともない、国や独立行政法人などの国関連のサイトを許諾がなくても収集保存可能となっている。

デジタル化された資料のうち、著作権処理が終わったものはインターネットで公開している。明治時代以降に刊行された書籍や雑誌を集めた「近代デジタルライブラリー」や、一九〇〇年初頭から一九五〇年頃までに国内で製造されたSP盤などに収録された音楽、演説の音源をデジタル化した「歴史的音源」などが有名だ。館内限定公開の音源でも、二〇一二年から地方の一部公共図書館で聞けるようになった。二〇一三年九月末現在、全国一二五の図書館が参加している。

二〇一四年一月からは、公共図書館や大学図書館、国立公立の美術館、博物館などを対象に、デジタル化資料が配信される計画だ。

「私の基本的な考え方は、『知識は万人のものである』ということ。これは富田さんの信念でもあった」と長尾さん。青空文庫と国立国会図書館。日本を代表する電子図書館が目指す理想は同じだ。いや、これは公共図書館すべての思いかもしれない。最後に長尾さんは、二〇一一年三月十一日に起こった東日本大震災に触れ、こう語った。

「未曾有の大災害についてのあらゆる記録を残して、百年、何百年かの後に参考にしてもらう。世界中の災害予防のために震災アーカイブを作ることを呼びかけて、現在、国立国会図書館で着々と進んでいます。書いたものだけではなく、テレビ映像、写真、インタビュー映像などをきちんと集める。復旧のプロセスも追って集めます。富田さんがスタートした貴重な努力をわれわれは継承して、国立国会図書館だけではなく、達成していく必要があると思っています」

†東日本大震災で広まった「デジタルアーカイブ」

誰もが等しくアクセスできる電子図書館は、デジタルアーカイブとも呼ばれる。近年、デジタル化の機材や技術が安価で容易になったこともあり、各地の図書館で個性豊かな電子図書館やデジタルアーカイブが花開いている。

国立国会図書館のデジタル化資料の総数は二〇一三年九月時点で、約二二六万点にのぼり、うちインターネットで利用可能なものは、約四七万点となっている。ネットで公開されているものでダントツの人気を誇るのが、『エロエロ草紙』。一九三〇年に発禁となった「エログロナンセンス」をテーマにした本だ。今読めば、過激というよりユーモラスな本なのだが、うっかりタイトルで釣られる人が続出、二〇一三年に文化庁が行った電子書籍の無料配信実証実験でもダウンロード数トップになるなど、ちょっとした笑い話になっている。

地方の公立図書館にもユニークなデジタルアーカイブは多い。例えば、岩手県立図書館の「イーハトーブ岩手電子図書館」。岩手県立図書館が所蔵する宮澤賢治や石川啄木関係の資料をデジタル画像で閲覧できる。横浜市立図書館では、「都市横浜の記憶」として、開港期から終戦直後までを中心に横浜に関する浮世絵や絵はがき、地図などをデジタル化して公開している。大阪府立中之島図書館の「人魚洞文庫」では、大正から昭和にかけて全国の郷土玩具を描いたおもちゃ絵画家、川崎巨泉（一八七七〜一九四二）の「人魚洞文庫」全作品を公開。ユニークでかわいらしい郷土玩具は見ていて飽きない。これ以外にも、開拓の歴史や戦争の記録、地域に伝わる古文書や地図など、それぞれの図書館で地域色豊かなデジタルアーカイブを公開している。

横断的な取り組みもある。図書館に寄せられたレファレンスの実例が一〇万件以上、インターネット上で調べられる「レファレンス協同データベース」だ。国立国会図書館が全国五百を超える図書館や学校図書館と協力、質問と回答、その回答プロセスを登録しているものだが、その名回答の数々は本当にすばらしい。

たとえば、愛知県の蒲郡市立図書館に小学生男子からこんな質問が寄せられた。「〝ツチノコ〟が出ている本が見たい。テレビ番組で映像を見た」。そこで図書館は、「『造形モンスター伝説』と『ポプラディア』を提示。双方に掲載されているツチノコの特徴を紹介するが、『目撃したという話はあっても、だれもつかまえたことがなく、現在のところあくまでも想像上の動物である。』ということで、実物の写真はないようだ」と伝えたという。この図書館には、「想像上の動物である」と明記された本もあったが、「本人はツチノコが実際に存在するものと思っているようなので、言及せず」として、紹介する本を配慮したことがわかる。

他にも「くらげの水分を利用して化粧品として開発することが可能かどうか知りたい」「江戸時代に褌《ふんどし》を貸し出すレンタル業があったらしいが本当か」など回答が気になるレファレンスが登録されており、見ていると時間を忘れてしまう。現場の司書や調べものをしたい利用者にとっても、力強い味方となっている。

そして、長尾さんが富田さんの追悼イベントで話したように、東日本大震災の記録や記憶を後世に残すために数々のデジタルアーカイブが立ち上がり、その概念が一般にも広く知られるようになってきている。

震災直後、官民さまざまな組織による震災のデジタルアーカイブが創設されたが、現在は国立国会図書館と総務省が開設した、二〇以上の機関の震災デジタルアーカイブや関連文献の情報を一元的に検索できるポータルサイト「国立国会図書館東日本大震災アーカイブ（ひなぎく）」に集約されている。

連携しているデジタルアーカイブは、東北大学の「みちのく震録伝」や「NHK東日本大震災アーカイブス」、「河北新報 震災アーカイブ」、Yahoo! Japan の「東日本大震災写真保存プロジェクト」、google の「未来へのキオク」、ハーバード大学エドウィン・O・ライシャワー日本研究所の「2011年東日本大震災デジタルアーカイブ」など研究機関、メディア、ネット企業のデジタルアーカイブが並ぶ。

その中に、神戸大学附属図書館「震災文庫」の名前もあった。東日本大震災直後、震災資料を収集、保存しようとした機関が「お手本」にした図書館だ。震災文庫は、一九九五年一月十七日に発生した阪神・淡路大震災に関する資料を収集している。避難所に貼られたチラシから、イベントのパンフレット、住民の人たちが撮影した写真まで、あらゆる資料約五万一〇〇〇件を所蔵。うち、一割程度を電子化し「デジタルギャラリー」として公開している。

震災文庫は震災発生から半年後にはサイトを立ち上げて情報発信を行ったことが評価され、さまざまな賞を受賞。外部からの評価を得て、学内予算や科学研究費補助金などを獲得し、デジタルアーカイブを構築した。現在、海外で災害が発生した際、震災文庫には「避難所でトイレを作るにはどうしたらいいのか」など海の向こうからも問い合わせが寄せられるという。阪神・淡路大震災の経験が、国内外で活かされているのだ。

いまだ被災地では「震災」は続いている。震災文庫のように息の長い活動が復興を支えるはずだ。東日本大震災のデジタルアーカイブ群にもそうした長期的な活動が求められている。

†本棚から外界へ拡張する飯能市立図書館

電子図書館やデジタルアーカイブによってつながり、外界へと拡張してゆく公共図書館。逆に、外界から流れてくる情報を図書館に取り入れてしまおうという試みもある。少しわかりづらい説明になってしまったが、図書館で調べることが楽しくなるよう、ちょっとした「仕掛け」をしている図書館を紹介したい。

埼玉県の飯能市立図書館。二〇一三年七月にオープンした図書館だ。飯能市は都心の通勤圏でありながら、市内の八割近くが森林で、林業の盛んな地域でもある。これまでの図書館が老朽化し、新しい図書館がほしいという市民の要望から新図書館はスタート。建築には地元の西川材がふんだんに使用され、館内は木の香りがただよう図書館となった。最高で高さ一〇メートルに及ぶ屋根を支える柱も西川材が使われている。

「市民が誇りに思えるような、自慢できるような図書館を目指しました。柱は樹齢百年の木が二六本建っています。市内の木材業者さんが集まり、一本一本、山の中から切り出しました。真っすぐでしっかりした木を二六本選び、切ったら乾燥して磨いて一年も前から準備をして建築しました。本棚も床材もそうです。木の匂いがしていいねという声をよく頂いています」

そう話すのは、真新しい図書館の湯川康宏館長だ。開放感のある空間に落ち着いた木の本棚や椅子。森の中にいるような気分で本を見ることができる。

外見だけではなく、飯能市立図書館は「中身」も新しい。課題解決型図書館を実現するにはどうしたらよいのか、その方法のひとつが、「カーリルタッチ」だ。図書館とスマートフォンとウェブをつなぐサービスで、図書館横断検索「カーリル」の運営会社カーリルが開発した。岐阜県の多治見市図書館などで実証実験が行われていたが、公共図書館の正式サービスとして採用された。

使い方は簡単だ。本棚一〇〇カ所にカーリルタッチのタグがあり、見つけたらスマートフォンをかざす。すると、カーリルタッチのポータル画面が開き、国立国会図書館が提供するデータベースなどに一元的にアクセスできる。例えば、森林の本棚にかざすと、西川材についての情報がスマートフォン上に現れる。本と外界の情報が瞬時にしてつながるイメージだ。「まず、図書館に来て頂くためにはただ本を多く揃えているだけではだめです。すべての市民の方に来て頂けるよう間口を広げなければいけません。毎日、楽しくて新しい発見があるような図書館を目指しています」とそのねらいを湯川館長は説明する。

一方、カーリルはなぜ「カーリルタッチ」を開発したのだろうか。カーリルは全国の図書館の蔵書を横断検索できるサイトを運営しているが、二年ほど前から異変があった。「今まではパソコンで本を検索されている人が多かったのですが、スマートフォンでの検索が急増しています。もしかしたら、図書館の中で使われているのではないか。だったら、図書館の中で使えるサービスとして、分断されていた本棚とネット情報を図書館の空間でインターネットを使ってつないだら面白いのではないかと思いました」と話すのは、カーリルの代表取締役、吉本龍司さんだ。「始まったばかりなので、まずは色々な図書館で使

図書館横断検索で知られる「カーリル」が開発した「カーリルタッチ」が「飯能市立図書館」で採用されている。本棚に端末をかざせば、レファンレス情報など本棚から外界へと知の世界が広がっていく

ってほしいです。連携するデータベースを増やしていきたい」と「カーリルタッチ」の可能性を示す。

カーリルは、「図書館とネットをつないでいくのが自分たちのミッション」なのだという。ネットが普及した反面、情報は氾濫している。その中からキュレーションされた正しい情報を本とともに提供する。紙の本であろうが、デジタルアーカイブであろうが、情報を得たい利用者からすれば、そんな分け隔ては不要なのだ。つながりながら拡張し、新たな情報体系を構築しようとする公共図書館の未来がそこにある。

新しい公共図書館

†公立図書館でも私立図書館でもない「新しい公共図書館」の波

これまで本書では「公共図書館」という言葉を使ってきた。もうひとつ、似たような言葉で「公立図書館」がある。

どう違うのだろうかと思って調べてみると、日本の図書館法が対象とする「図書館」とは、「図書、記録その他必要な資料を収集し、整理し、保存して、一般公衆の利用に供し、その教養、調査研究、レクリエーション等に資することを目的とする施設で、地方公共団体、日本赤十字社又は一般社団法人若しくは一般財団法人が設置するもの（学校に附属する図書館又は図書室を除く。）」とされている。

「地方公共団体の設置する図書館を公立図書館といい、日本赤十字社又は一般社団法人若しくは一般財団法人の設置する図書館を私立図書館という」そうだ。つまり、図書館法では「公共図書館」という言葉は使われておらず、「公立図書館」と「私立図書館」のみが定義されている。

一方、ユネスコが一九九四年が出した「公共図書館宣言」には、はっきりと英語で「public library」と書かれている。その「公共図書館」とはどのようなものか。

「公共図書館は原則として無料とし、地方および国の行政機関が責任を持つものとする。それは特定の法令によって維持され、国および地方自治体により経費が調達されなければならない。公共図書館は、文化、情報提供、識字および教育のためのいかなる長期政策においても、主要な構成要素でなければならない」(「日本図書館協会」サイトより)。ここでイメージされているのは、国や地方自治体が設置する図書館、日本の図書館法でいうところの「公立図書館」だと思われる。

これ以外にも、「図書館の全国的な調整および協力を確実にするため、合意された基準に基づく全国的な図書館ネットワークが、法令および政策によって規定され、かつ推進されなければならない」「公共図書館ネットワークは、学校図書館や大学図書館だけでなく、国立図書館、地域の図書館、学術研究図書館および専門図書館とも関連して計画されなければならない」としている。おおむね、日本の図書館法が対象とする「図書館」と重なってくる。

不特定多数の人々に広く本を提供する図書館が「公共図書館」であるなら、日本は公立図書館がその重責を担ってきた。現在もそれは変わりない。しかし、これまで述べてきたように、日本の公立図書館を取り巻く状況はこの十年で大きく変わっている。市民との協働で作られた図書館、無料貸本屋批判を脱却し解決型図書館を目指す図書館、指定管理者制度を導入しかつてないサービスを展開する図書館、インターネットやソーシャルメディアの普及によるデジタル化の波に対応する図書館。そして今、公立図書館でも私立図書館でもない「新しい公共図書館」という波が起きている。

駅前ビルや高齢者施設の一角に設置された「図書館」が千葉県船橋市で増えている。また、フェイスブックを利用して登録すればどんな本棚でもたちまち「図書館」となって貸出ができるサービスも拡散中。こうした図書館の規模はとても小さく「マイクロライブラリー」と呼ばれるもので、私たちの暮らしの中にちょっとした知的空間や交流の場を提供してくれる。公立図書館以外にも少しずつ増えている「新しい公共図書館」とはどのようなものなのだろうか。

†千葉県船橋市で急増中の「図書館」

千葉県船橋市、船橋駅前にある商業ビル「フェイス」二階の通路を歩いていると突然、「ふなばし駅前図書館」の看板が出現する。通路の一隅にカウンターと本棚がしつらえてあり、通勤や買い物途中の人が立ち寄って本を選んでいた。本棚に並ぶのは、ベストセラーになった本が目立つ。公立図書館では何人も予約待ちの列ができそうなタイトルもある。

これは、市内三〇カ所に民間図書館の設置を目指す「船橋まるごと図書館」プロジェクトの一環。このプロジェクトは二〇〇六年五月、ここから始まり、これまでに一〇館以上の図書館を開設してきた。

仕掛けているのは、NPO法人「情報ステーション」代表理事、岡直樹さんだ。船橋生まれ、船橋育ち。この町を良くしたいという思いから、図書館をスタートさせた。

「僕は大学に進学して初めて都内に通うようになりました。それまで船橋に特段、思い入れはなかったのですが、ちょっと外に出るようになって生まれ育った町への愛着を初めて感じた。ただ、みんなに自慢できるほど良い町かと言うと、そこまででもなくて（笑）。だったら、自分たちでもっと良い町にしたいと思い、二〇〇四年に高校時代の友人たちと

NPOを立ち上げました」

岡さんたちは情報サイトをオープン、フリーマーケットやコンサート、野菜の直売会などイベントを開いた。イベントではそれなりの手応えも得たが、同時に継続性の限界も感じていた。もっと日常的に人が集まれる場所を作ろうと思ったという。

丁度その頃、船橋駅前ビル「フェイス」は、二階にあるスペースの活用に苦慮していた。どう活用したらよいのかアイデアはないかとビル側から相談を受けた岡さんはまず、「船橋に何が足りないか」を考えた。「真っ先に思いついたのが、クレープ屋(笑)。このあたりは若い子が多い割に若い子向けの店が少ないんです。でも水もガスも使えない場所だったので、いろいろ思いついた中から、図書館に行き着きました」

当時、早稲田大学理工学部に進学していた岡さんは、船橋市内から東京のキャンパスに通うのに片道二時間以上かかっていた。電車で読むための本を通学途中に図書館で借りたいと思ったが、船橋市立中央図書館は午後七時に閉館。しかし、理工学部の講義は午後五時五〇分までかかってしまい、間に合わない。岡さん自身が、便利な図書館を欲しいという気持ちもあった。

「フェイス」に図書館を作ろうと思いたったものの、蔵書はもちろんゼロ。そこで岡さんは、手書きで本の寄贈をお願いする紙を貼りだし、〝図書館建設予定地〟に毎日座った。最初は素通りする人ばかりだったが、見かねた人が手書きの紙をきちんとポスターに作ってくれたりと、だんだんと支援が広まり、本が集まっていった。そして無事に「ふなばし駅前図書館」がオープン。配架できる本は五〇〇冊程度と小ぶりの図書館だが、誰でも借りることができる。平日は午後九時まで開いているのが人気だ。

†小さな図書館に育つ地域のコミュニティ

「ふなばし駅前図書館」がオープンしてから、意外なことが起きた。夕方は通勤や通学の利用者が多いことは予想していたが、昼間に買い物の途中で寄ってくれる地元の人も負けずに多かったのだ。歩いて五分のところに船橋市立中央図書館があるにもかかわらず、である。

「どうして地元の人たちがこんな小さい図書館を使うのか。普段の生活動線上にある図書館に通っているうちに、ボランティアや他の利用者の人たちと顔見知りになっていく。当初、僕たちが思っていた以上に、交流が生まれていました」と岡さん。だったら、小さくてもいいから気軽に立ち寄れる図書館を増やそうと、市内に三〇館の図書館を作るプロジ

千葉県船橋市内30カ所に民間図書館の設置を目指すプロジェクト「船橋まるごと図書館」。地域コミュニティの交流の場として、民間の公共図書館が機能している

ェクトをスタートした。なぜ三〇館なのかといえば、市内の中学校と同数で、「がんばれば歩いていける距離」にひとつずつ配置するのが目標だからだ。

酒店や自動車販売店、商店街の空き店舗、高齢者施設。図書館は少しずつ増えていった。貸出や返却、蔵書の整理は登録四七〇人を超えるボランティアが担当。蔵書を管理するシステムは幸い、岡さんが理系だったために友人たちと作ることができた。ボランティアの人たちが本に貼られたバーコードを読むだけで簡単に貸出ができるようになっている。複雑なキーボード操作は不要だ。

岡さんと一緒に船橋駅から徒歩三分にある「船橋北口図書館」を訪れると、ボランティアの女性の子どもの、二歳の男の子が本棚の本で遊んでいた。男の子は、いつも決まった曜日にボランティアに来るおじいちゃんのような年代の男性と会うのが楽しみなのだそうだ。本が媒介となり、小さなコミュニティが図書館に生まれていた。

仕事を定年退職した高齢者、社会とつながりが持ちづらい専業主婦、会社をやめてぶらぶらしている若者。いきなり仕事を外で探すにはハードルが高いかもしれないが、この図書館なら気軽に活動できる。「小さい子から高齢の方まで世代を選ばず全ての人が集まれる場所は、図書館以外にありません。それに、そういう場所で育った子供たちは、僕たちよりもっと強くしなやかに生きていけるんじゃないかと思うんです」。ボランティアは、下は七、八歳から上は八十歳代まで。船橋市内だけでなく、東京都府中市や神奈川県三浦市から通ってくる人もいる。

しかし、不特定多数の人に本を貸し出して、本が返却されなかったり、損壊されたりするケースはないのだろうか。訊ねてみたら、「公立図書館よりもマナーがいい」そうだ。その秘密は、「色々な人の協力で成り立っているのを利用者の皆さんに見せていること」。一度だけ、近くの居酒屋で飲んでいた酔っぱらいが図書館に闖入、本棚を倒したことがあったのみ。もし本を破損してしまったり、紛失してしまった場合、きちんと知らせてくれる利用者ばかりなのだ。コミュニティがきちんと育っている証拠だった。

†公立図書館と公共図書館の違いとは

全館の蔵書数はもう六万冊に近い。寄贈されたものの、まだ整理が追いついていない本を合わせれば倍になる。図書館の利用者数は九四〇〇人。これはちょっとした公立図書館に匹敵する規模だ。しかし、公立図書館との違いを岡さんは明確に指摘する。

「僕たちの図書館は公立ではありませんが、誰にでも本を貸すので公共図書館ではあります。ただ、公立図書館は社会教育施設で、僕たちの図書館は町づくりのための交流施設ということ。だから、ここで食事してもらってもいいし、騒がしくない程度のおしゃべりもどんどんしてほしい。それは公立図書館では難しいですよね。僕達は『今、ここに暮らしている人たち』を見ています」

同じ公共図書館でも、公立図書館には別の役割があるという。「公立図書館にはもう少し先の未来まで見てほしい。後世に残すための資料を集めることは、公立じゃないとできない。その時流行している本を集めて貸し出すのは僕たちの図書館でもできる」

岡さんの話を聞いていて、なんだか楽しくなってしまった。もし、町中にこんな図書館が増えたら、市民は本を借りられるし、コミュニティにも参加できる。公立図書館は流行の本の無料貸本屋になる必要もなく、本当に地域の未来に必要な図書館活動に勤しめるのではないだろうか。

良いこと尽くしのように思えるが、課題がないわけではない。図書館を設置したいというオファーがあれば、運営費を頂いて開設するというシステムを取っている。図書館のネーミングライツの応募も呼びかけているが、年間一五〇〇万円かかる運営費はいまだ赤字だ。ただ、もしもこれらの図書館が町に本当に根付けば、ネットで支援を募るクラウドフアンディングや寄附で資金を集めることができるのではないかと期待を抱いている。

岡さんの夢は、船橋市から全国に図書館の網を広げることだ。「僕たちはOSです。空き店舗やデッドスペースなど使える空間、ハードは余っています。そこへ、折り紙教室やパソコン教室、読書会をやりたい人、ソフトもたくさん揃っています。だから、僕たちの図書館が広く門を開いて運営していれば、自然と来る人たちの使いやすい形になっていきますよね。経済効果や教育効果を考えると、少子化も高齢化も進む一方ですから、できるだけ早く全国にこの図書館を広げたいと思っています」

†世界中の本棚を図書館化する「リブライズ」

千葉県船橋市からスタートした図書館が、全国の町に図書館設置を目指すのなら、東京都世田谷区からは、世界中の本棚を図書館化してしまおうというサービスが立ち上がった。カフェやコワーキングスペース、オフィス。いたるところに本棚はあり、本が置かれている。こうした町に眠り、一部の人しか使っていない本を手軽に貸し借りできるようにするシステムが「リブライズ」だ。

開発したのはプログラマーの地藏真作さんと下北沢にあるコワーキングスペース「下北

沢オープンソースCafe」オーナー、河村奨さんの二人。二〇一二年九月にスタート、フェイスブックのアカウントとスマートフォンを「図書カード」代わりにしてしまうという斬新なアイデアが評判を呼び、全国の本棚の図書館化が進んでいる。

リブライズの利用方法は簡単だ。まず図書館の開設方法は、パソコンを立ち上げ、バーコードリーダーをつなぐ。リブライズのサイトにログインし、本の裏側にあるISBNバーコードを読み取れば、タイトルや著者名、出版社名などの書誌情報が登録される。書誌情報には、国立国会図書館やAmazonなどの検索APIを利用している。

こうして登録された本が並ぶ本棚は「ブックスポット」と呼ばれている。本を借りたい場合は、フェイスブックのアカウントとスマートフォンが図書カード代わりとなる。本の裏のISBNバーコードと自分のスマートフォンに表示したリブライズのバーコードをバーコードリーダーで読み取ってもらえば完了する。誰がどんな本を借りたかは、アカウントにひもづけられているためにフェイスブック上に投稿される仕組みとなっている。

リブライズ誕生のきっかけは、「下北沢オープンソースCafe」の本棚だった。河村さんがオープンしたカフェとコワーキングスペースを併設するスペースで、壁面いっぱいに本棚がしつらえられ、プログラミングやデザインの専門書などがぎっしりと並ぶ。これらの本は、もともと河村さんの所蔵だったが、「下北沢オープンソースCafe」の利用者も本を持ち込むようになった。やがて、貸し借りも行われるようになる。

本が増えれば増えるほど、自力で管理するのは難しい。しかし、個人的な本棚を管理するサービスはあるが、不特定多数の人が共有できるサービスは見つからなかった。仕方なく、当初は本の貸し借りをフェイスブックに手動で投稿していたが、「この本の感想をブログに書いてほしい」といった声が上がった。「じゃあ、フェイスブックと連動させるシステムを作ったら、面白そうだと思いました」と河村さんは振り返る。

共有スペースの本棚からは、意外な発見もあった。「本棚から見えてきたのは、この場に集まる人たち、このコミュニティの性格を反映しているということ。人の家の本棚って見てみたいじゃないですか。一人のオーナーが集めた本棚も面白いですが、複数の人が関わるとまた違った面白さがある。本棚を見れば、そこがどういう場所なのか理解してもらえる、その場所に関わってもらえるためのツールにもなると思いました」

一方、河村さんの友人で、「下北沢オープンソースCafe」を利用していた地藏さんにも、本棚に対する思いがあった。「家のそばに公民館があって、本はあるけど、誰も読んでない。実際に読むための仕掛けがあれば、読む人が増えるのではと考えました。例えば、お母さんたちが絵本を持ち寄って、貸し借りしていますが、それも誰に貸したか見えるようになれば、もっと面白いのかなと」

リブライズのサイトで紹介されているブックスポットは、いずれも個性的だ。たとえば、東京・四谷三丁目にある陽運寺。江戸時代に活躍した鶴屋南北の「東海道四谷怪談」で有名なお岩さんを祀っているお寺で「於岩稲荷」とも呼ばれ、縁を結ぶ東京のパワースポットとしても知られている。このお寺の本堂の横にあるライブラリーは、住職や副住職、そのご家族、参拝者の人たちが持ち寄った本で構成されている。仏教や生き方に関する本が多いのかなと思ってのぞいてみると、案外、人気小説も多くて親近感が持てる。この他、病院の待合室、社会保険労務士事務所、布団店など「こんなところに本棚が?」と思ってしまうブックスポットだらけだ。

リブライズは、公立図書館の対極にある。誰がどんな本を借りたか、公立図書館はその個人情報を外部に出さないよう死守してきた。ところがリブライズでは、基本的に貸出履歴がフェイスブック上でオープンになる(開示しない方法は別途用意されている)。この個性豊かなブックスポットで、誰がどんな本を借りたのか。その情報も利用者にとっては楽しみであり、インターネット上の読書会「ソーシャルリーディング」の形なのだろう。

公立図書館では難しいことを小さな町の公共図書館が実現している。

リブライズは「船橋まるごと図書館」とも二〇一三年一二月から連携、登録されている本は一三万冊を超えた。こうした試みは他でも広がっている。町の小さな図書館「マイクロ・ライブラリー」に取り組んでいる人たちが一堂に会した「マイクロ・ライブラリーサミット」が二〇一三年八月、大阪府立大学で開かれた。中心となったのは、六本木アカデミーヒルズで日本初の有料会員制図書館を立ち上げた礒井純充さん。カフェやギャラリー、お寺など町のいたるところにある本棚を通して人の縁をつなぐ活動「まちライブラリー」を呼びかけている。サミットの運営委員会は「このサミットが、日本中で『小さな図書館』を立ち上げたいと思ってくれる人たちのきっかけとなり、さらにはその『小さな図書館』が周囲を巻き込んで広がっていく、そんな世界の実現に寄与できればと思っています」と訴えていた。

公立図書館ではない、新しい公共図書館。本の貸し借りによって生まれるコミュニケーションが、人と人をつなぎ、町を作っていく。そして、それは社会の活力へとつながる。この公共図書館の重要な役割は今後、ますます期待されるのではないだろうか。

島をまるごと図書館にしてしまった島根県海士町

†図書館がない離島

「ないものはない」。何時間も飛行機と船を乗り継いで、やっとたどり着いた離島の港で迎えてくれたのは、そんな言葉が楽しげに踊るポスターだった。

日本海の島根半島沖合約六〇キロに浮かぶ離島、海士町。人口二四〇〇人に満たず、その四割が六五歳以上という日本の高齢化社会、地方の過疎を絵に描いたような島だが、船が発着する島の玄関口、菱浦港に貼られたポスターや職員の名刺に堂々と刷られた「ないものはない」という文字は、この島を初めて訪れた者の度肝を抜く。

この言葉は、海士町が二〇一一年からPRのために採用したもので、「なくてもよい」「大事なことはすべてここにある」という二つの意味がある。海士町の広報によると、「離島である海士町は都会のように便利ではないし、モノも豊富ではありません。しかしその一方で、自然や郷土の恵みは潤沢。暮らすために必要なものは充分あり、今あるものの良さを上手に活かしています」とのこと。そんな海士町が今、全国から注目を集めている。なぜか。

平成の大合併の波が全国の市町村に押し寄せた時、海士町は合併ではなく自立の道を選んだ。しかし財政は厳しく、二〇〇二年に当選した山内道雄町長が自らの給与を50%カットするなど、大胆な改革によって立て直しをはかったことはよく知られた話だ。これまで山内町長を中心に海士町では、活性化のためには島外からの人材が必要として、移住者の定住を促してきた。

近年その政策が実を結び、現在、人口の一割が実に移住してきた人たちで、そのほとんどが二十代、三十代の若者となっている。「島留学」と称し、島内に唯一ある高校にも積極的に全国からの生徒を受け入れ、二〇一二年度から離島としては異例の学級増。こうした取り組みが、メディアで華々しく取り上げられ、脚光を浴びているのだ。

海士町に惹きつけられる理由は人それぞれ。美しい海岸線、海の幸を育む豊かな海、「名水百選」にも選ばれた豊富な湧水、盛んな稲作や島のいたるところを悠然と歩く隠岐牛。確かに都会にあるものはないかもしれないが、都会にはない魅力が海士町にはある。

そしてもうひとつ。海士町になかったものが、この島の未来を作ろうとしている。図書館というものが存在しなかった海士町で、「島まるごと図書館構想」が始まったのは二〇〇七年のことだった。

「島の歴史として長らく図書館のない町でしたが、町作りの根本は人作りだろうと。その時に、図書館を軸にした人作りが始まりました」と振り返るのは、海士町中央図書館主任の磯谷奈緒子さんだ。磯谷さんもIターン組。司書の資格はあったものの、大学卒業後は関西で図書館とは無関係の仕事に就いていた。

しかし、もともと興味のあった町作りのために移住した海士町で結婚、定住することに。海士町で初めての司書として雇用されたのは、子育てが一段落して指定管理者の宿泊施設で自分の蔵書を貸出すブックカフェを運営していた頃だった。

図書館を見たことがない、近隣自治体の図書館に行ったこともない人たちが暮らす離島で、磯谷さんはゼロからのスタートを切った。予算がない中、ハコモノである図書館を新たに建設することは無理だった。施設も蔵書もない島に「図書館」を作り、「読書」を根付かせるにはどうしたらよいのか。

そこでまず、子供たちをターゲットにすえた。それまで、海士町の子供たちは、本州の子供たちに比べてテレビの視聴時間が長く、読書習慣というものがなかった。ほとんど使われていなかった島内の二つの小学校、そして中学校、高校の図書室の改革に着手したのだ。

本来、学校図書館とは、一九五三年に制定された「学校図書館法」によって「学校図書館が、学校教育において欠くことのできない基礎的な設備であることにかんがみ、その健全な発達を図り、もつて学校教育を充実することを目的とする」と定められている。しかし、海士町の現実は、その精神にほど遠かった。

「どこも図書室として機能していませんでした。無造作に古い本が置かれた書庫のようで、会議室として使っている学校もありました。学校に通い、会議室として使うことを止めてもらうよう話をすることから始めました」

一体、町は何をするつもりなのかと、なかなか理解が得られない。どの学校でも、学校司書として町役場からやって来た磯谷さんには向かい風が吹いていた。それでも本棚を整理し、貸出カードを作って少しずつ環境を整えると、子供たちが本を借りていくようになった。子供たちの利用が増えると、訝しんでいた学校側とも信頼関係ができてきた。

図書室の改革と並行して、大人たちの意識も徐々に変えていった。学校で図書館に関する講演会を開いたり、学校関係者を他の学校図書館の活動視察に連れて行ったり。二〇〇八年には、保育園と小中高の図書担当者、学校司書による図書館部会も立ち上がり、情報共有や意見交換をする活動が始まった。二〇一〇年からは指導主事が加わり、図書館教育推進に向けたものへと深まったという。

図書館がないならば、島のあちこちを図書館に。保育園や学校関係の計五カ所以外にも、島の玄関口の菱浦港にある観光施設「キンニャモニャセンター」や公民館など、合計一二カ所に図書スペースを設け、ネットワークで結んで本の貸出ができるようにした。返却ポストは島内七カ所。これが、海士町が仕掛けた「島まるごと図書館構想」の全貌だった。

「まだ図書館がない頃の図書室にも親子連れが来てくれたりと、少しずつ利用は増えてきましたが、そんなに良い本を置けてはいなかったので、まだ島内で一般化はしていませんでした。でも、学校図書館に重点を置いたところ、誕生日プレゼントにゲームをねだっていた子供が本を買ってほしいと言うようになったり、日常的に本を借りてきて読んだりするのを見て、親御さんの意識も高まっていったのではないかと思います。おじいちゃん、おばあちゃんも孫が読書する姿を喜んでくれる。ちょっとずつ実績ができて、二〇〇九年度には小学校のひとつが『子どもの読書活動優秀実践校』として、文部科学大臣表彰を受けることになり、その二年後、三年後にもそれぞれ別の小学校が同じ賞を受けました」

†海士町らしい中央図書館が完成

島内外から「島まるごと図書館」への注目が集まり始めた時、幸運が舞い降りる。「国の景気対策でハード面の事業があり、図書館も実績が認められてきていたので、建物を作ってもらえることになりました。図書館建設は最終ゴールだと思っていたので、本当にいいんですか？　という感じでした」と磯谷さんは笑う。

二〇〇九年度から翌年度にかけて国交省の離島体験滞在交流促進事業と林野庁の森林整備加速化・林業再生事業あわせて二億三〇〇〇万円のうち、書架も含んだ建設費六〇〇〇万円が図書館のために確保された。

図書館建設費に六〇〇〇万円とは、決して贅沢な金額ではない。例えば、スターバックスのカフェや蔦屋書店が入ったおしゃれな図書館として華々しくメディアに取り上げられている佐賀県の武雄市図書館は、もともとあった旧図書館を改修したものだが、実に七億五〇〇〇万円の費用がかけられたと報じられている。そのうち、武雄市が四億五〇〇〇万円、指定管理者であるCCCが約三億円を負担した。一概に建設費用を比べることはできないが、個人住宅レベルの金額だと考えれば、六〇〇〇万円は自治体のハコモノとしてはささやかな方だろう。ただし、この小さな図書館には、大きな島の未来が詰まっていた。

二〇一〇年一〇月、待望の「海士町中央図書館」がオープンした。町役場に隣接する公民館や教育委員会の建物に増築されたもので、広さは二〇〇平方メートル、蔵書収容能力は二万冊という小ぶりな図書館だ。

しかし、一歩足を踏み入れれば、海士町に上陸した時に感じた都会にはない空気が、この図書館にも流れていることがわかる。背が低く圧迫感のない書架は、地元隠岐の木材を使って島民たちがワークショップで手作りしたもの。四季折々に豊かな表情を見せる田園風景を望めるよう、窓は開放的に切り取られている。窓の前には机が並び、ネット環境も完備されている。

スターバックスは併設されていないが、雑誌の置かれたコーナーにはソファが置かれ、セルフサービスでお茶を飲んだり、ちょっとした会話を交わしたりできるカフェスペースが設けられている。コーヒーは基本的に無料サービスだが、「五〇円程度（実費）寄附していただけると助かります」と控えめに書かれている。

小ぶりながらも「海士町中央図書館」では、心尽くしのお茶が飲めるカフェスペースも

カウンターでは本だけではなく、なぜかオセロや将棋も貸し出してくれて、隣接の公民館でゲームに興じる利用者も。カウンターの目の前、館内の〝一等地〟には、東日本大震災で壊滅的な被害を受けた岩手県の陸前高田市図書館へ本を送るためのボックスが置かれていた。

もし子供がぐずったり、赤ちゃんのオムツを替えたりしたいと思ったら、図書館から扉ひとつで公民館の和室へ。会合などで使われていなければ、図書館を訪れた人が自由に利用できるようになっている。磯谷さんは利用者の目線で動線、レイアウトを工夫し、図書館をコミュニケーションの存在する心地よい空間に作り上げた。

少ない予算でなかなか思うように蔵書は揃えられないが、島根県立図書館から年間一二〇〇タイトルを貸与してもらう支援を受け、書架を補強している。また、島民からの寄贈本も本棚に並ぶ。Iターンの利用者が多いため、寄贈本はベンチャーや町づくり、社会学などに関するものが多いという。島のコミュニティが反映された本棚となっているのはユニークだ。

「島にはウィンドーショッピングができる商業施設や、お茶を飲んでゆっくりできるカフェはわずかしかありません。図書館がその代わりになれないかと思ってきました。海士町はIターンの受け入れをしていますが、Iターンの下見に来た方がこの図書館を訪れて移住を決めてくれたこともありました。この規模の島に、この図書館があるということは、島にとって大きなポイントになっています。ただ本を借りにくるだけではなく、子育て中の親御さんが立ち寄ったり、若い人が集ったり、家以外の居場所として人々の暮らしに図書館が溶け込んでいます。生活をちょっと豊かにしてくれる図書館です」

†島の未来をつくる図書館

「島まるごと図書館構想」がスタートして五年目、その成果を磯谷さんは次のようにまとめている（『学校図書館』二〇一二年十二月号）。

①立派な施設環境がなくとも、「最低限の本」と「本を活かし、つなげる人」がいれば図書館サービスは提供できる。

②島民の身近な場所に分館及び返却ポストを設置したことで、赤ちゃんからお年寄りまで気軽に本を手にする環境が整い、利用が増加した。

③各図書施設の機能を明確化し資料を分担収集することで、図書予算・本の有効活用ができた。

④島の「地域力」「連携力」で各機関が協力して取り組むことにより、課題を乗り越え、効率よく島の図書基盤整備を進めることができた。

⑤各図書施設の所蔵内容、利用状況、課題を把握した上で事業を進めることができ、島全体としてバランスのとれた有機的な図書館づくりができた。

数字にも、その成果は表れている。二〇一一年度の図書館利用状況は、年間入館者数が六一五一人、一日平均の利用が19・5人。島民の登録率は21％と二割を超え、一人あたりの貸出冊数は3・3冊だった。五年で利用は約三倍に伸びたという。

「島まるごと図書館構想」の中核となる「海士町中央図書館」が開館して四年め。現在、図書館が抱える問題はないのだろうか。「今、図書館にはフルタイムの常勤スタッフが三人いますが、嘱託職員が一人、臨時職員が二人でパーマネントの職員はいません。正規雇用の職を求めて他の地域へ移って行ったスタッフもいました。図書館活動の質を保つためには、長期雇用の人材が必要です」と磯谷さんは指摘する。

また、予算の問題もある。二〇一二年度の人件費を含まない図書購入費や雑費の予算は一三〇〇万円。「それでは困る」と二〇一三年度は一九〇〇万円に増額してもらったもののそれでも十分ではない。磯谷さんは図書館の重要性を訴える。

「今、図書館が行っている活動、特に子供たちに読書する習慣を身につけてもらうことはとても大切です。海士町の未来を担う子供たちにとって、本や情報を使いこなすことは必要となります。よりよい未来を作っていくためには、絶対に不可欠のスキルです」

最近も、閉館後の図書館に若い島民が集まり、東京とインターネットでつないだSkype会議を行ったという。「図書館が何か新しい活動が生まれる場として活用されるのは素敵だなあと思っています。外で目立つ図書館ではなく、島民に喜ばれる図書館。そういう図書館の可能性を探ってみたい」という磯谷さん。島の未来を作る図書館を応援するために、ネットで広く支援を募るクラウドファンディングのプロジェクトも立ち上がっている。

✝海士町からのお土産を自分の町へ

ここまで、全国ですばらしい活動を行っている公共図書館を紹介してきた。そうした図書館の多くは、歴史や予算、首長の理解、住民の支援があったりと、何かしらのアドバンテージをもともと持っていたところが少なくない。しかし、海士町のように、図書館の建物もなく予算もない文字通り「ゼロ」から始まり、図書館を使ったことのない島民に、図書館の良さを理解してもらわなければならなかったところもある。

日本図書館協会の二〇一二年のデータによると、全国の都道府県の図書館設置率は１０0％、市区立でも98・5％となっている。ところが町村立になると、設置率は53・9％にまで一気に落ち込む。

図書館のない町村は、都道府県立図書館を使えばいいと思われるかもしれないが、都道府県立図書館は県庁所在地である市部にあることが多い上、県立レベルと市町村立レベルの図書館活動は、第4章の「神奈川県立図書館問題」でも述べたように似て非なるものであるため、町村立図書館の代替にはなりえないのだ。そもそも、海士町のように本州から六〇キロも離れた島の場合、島根県立図書館へ通うというのは物理的に不可能だろう。

財政が厳しい自治体では、収益を求めることのできない図書館の設置、運営にまで手がまわらないというのが実情であることは理解できる。最近でも、長崎県の離島である五島市で二〇一四年度の完成を目指した新図書館建設の計画が持ち上がった。五島市は遣唐使の足跡や、迫害から逃れてきたキリスト教信者による教会が多く残り、歴史的、文化的にも素晴らしい島だ。

しかし、一三億円の建設費用や年間八〇〇〇万円の維持管理費は人口四万人の地治体にとって負担が大きいという批判が起こり、市民による署名運動にまで発展して白紙に戻った。

五島市は、現在の図書館が築五〇年以上経過して建物が老朽化していることや、蔵書の収納も限界でインターネットなど設備も不十分であることを説明。一三億円の建設費用のうち、七割は「過疎債」（借金にあたるが、返済する元利金の七割を国が地方交付税として自治体に還元する）を利用するので、実質は三割である四億一〇〇〇万円で建設できると説明をしていたが、理解は得られなかった。

新図書館建設に反対した市議や市民のブログを検索すると、批判はその建物建設に集中している。図書館が不必要というわけではないのだ。現在の五島市立図書館には何が足りないのか。あなたがたは、五島市立図書館に何を求めるのか。もしも、多くの市民に話を聞くことから始めたら、結末は少し違っていたかもしれないと思うのだ。

このご時世、よほど財政が健全な自治体でない限り、図書館に新たなお金を投入する決断は難しいだろう。しかし、「ないものはない」海士町でも、ここまでの図書館活動を実現できていることは他の町村、いや市区や県にとって勇気づけられる事例になりはしないだろうか。もし、自分の暮らす自治体に図書館がない、もしくは現在の図書館に不満を持っている人がいたら、いつか海士町中央図書館を訪れてほしいと思う。そこにあるものをお土産として自分の町へと持ち帰って頂きたいのだ。

海士町は隠岐諸島に連なる島だ。海岸からは西ノ島が、すぐ近くに見える。西ノ島にもかつての海士町同様、図書館がない。週末になると、わざわざ船で海士町へ渡り、中央図書館で本を借りて行く西ノ島の住民も増えた。そんな隣の島で今、図書館活動への関心が高まっているのだと、磯谷さんが教えてくれた。

もしかしたら数年後には、西ノ島にも海士町のような素敵な図書館ができているかもしれない。良い公共図書館は、つながり広がってゆくのだ。

あとがき

この本を書きながら、自分にとっての「図書館」とは何かを幾度となく考えた。子供の頃から現在にいたるまで、私は図書館に頼りっぱなしだった。

東京のマンモス女子中学校に通っていた頃、頭の良い子やかわいい子、面白い子が中心のクラスで、何となく自分の居場所を見つけられず、学校図書館に入り浸っていた。優しかった司書の先生は私のようなはぐれ生徒でも温かく迎え入れてくれたので、学校図書館で好きなだけ小説を借りて読みふけっていた。

大学でも大学院でも、クラスメイトと一緒に専門書が揃う大学図書館に通い、夜遅くまで勉強していた（はずだが、本当は雑談の方が多かったかもしれない）。

就職して新聞記者になってから、ますます図書館は欠かせない存在になった。記事を書く上で調べたいことがあったら、OGでも使うことのできる大学図書館や、東京都立図書館、国立国会図書館、専門図書館にも足を延ばした。

プライベートでも、地元の区立図書館で絶版だったり高価だったりする本を借りた。そうした本は、個人的な問題を解決する糸口になってくれた。私が困った時は、いつも公共図書館が助けてくれたといったら言い過ぎだろうか。でも、それぐらい私にとって図書館はありがたいものだった。

インターネットが普及してからもそれは変わらなかった。ネット上でも有益な情報は入手できるようになってきてはいるものの、いまだ紙媒体の歴史と蓄積には及ばない。結局、本を借りに図書館へ通うことになるのだ。ただ、ネットのお陰で自宅から本の予約ができたり、延長の手続きができたり、第6章でも紹介した全国の図書館を横断検索できる「カーリル」で近隣の図書館にアクセスしたりと、どんどん図書館の使い勝手はよくなっていた。

一方、自宅では増えるばかりの蔵書と狭い部屋とのギャップにも苦しんでいた。活字文化を微力ながら支えようと、できるだけ本は新刊書店で買おうと努めているが、こう増えてしまうと物理的に限界がやってくる。だったらと、発想の転換をした。図書館が所蔵するような類いの本を処分したのだ。読みたくなったら、図書館で借りればいい。少なくとも公立図書館には私の払った血税の一部が使われているのだから、「図書館は私の書斎だ」と勝手に思うことにした。

　すると、かなり気が楽になり、安心して新しい本を買ったり、古い本を処分したりできるようになったのだ。こうなるともう、図書館は自宅の延長にあり、そこへ通うことは日常生活の一部になってくる。しかし、私と図書館はあくまで私的なつきあいであり、仕事として本を書こうと思いつきはしなかった。二〇一一年三月一一日に東日本大震災が発生するまでは。

　この本の担当をしてくださった編集者の長嶋美穂子さんに送った最初の企画書にあるタイトル案は、「闘う図書館～3・11以降のソーシャルキャピタルとして～」だった。企画書をふりかえってみると、岩手県陸前高田市や宮城県南三陸町、宮城県女川町など、地震と津波で建物や蔵書を失った図書館の再起動にかなりの割合をあてた構成になっている。ネットで資金を募るクラウドファンディングという手法などで、民間から被災地の図書館を支えるプロジェクトを紹介したいとも書いてあった。

　ゼロからの再出発を余儀なくされた被災地の図書館を取材し、書くことで、図書館とは何か、その輪郭が見えてくるのではないかと考えたからだ。図書館にはその土地の歴史と記憶が保存されている。同時に本というメディアを通じた人と人の交流の場であり、人々の心のよりどころでもあるのだ。なによりも、つらい日の夜は図書館から借りた本の世界へと旅立つことで、心が何度救われたかわからない。だから、被災地の図書館を応援したいと思った。

そのためにも、まず公共図書館で何が起きているのかを調べ、伝えようと思ったのがこの本だ。ただの「無料貸本屋」ではない公共図書館の姿を知っていただければと考えた。しかし、紹介しきれなかった図書館や訪ねたかった図書館は山ほどある。

ここで私がふれた図書館は、本当にごく一部なのだ。今回の本を書くにあたり、全国の都道府県立図書館に簡単なアンケートをお送りし、お答えいただいた。「気になる」図書館として数多く挙がった名前は鳥取県立図書館、奈良県立図書情報館、まちとしょテラソ、伊万里市民図書館、武雄市図書館、山梨県立図書館など。読者の皆様にはそうした図書館にぜひ足を運んでいただければと思う。そして、次は被災地の図書館を訪ね歩いてみたいと思っている。

それからもうひとつ、公共図書館の変化と表裏一体なのが、指定管理者制度や官製ワーキングプアの問題だ。それだけで分厚い本が書けてしまうほど、根深い問題でもある。今回はそのさわりしか書くことができなかったが、これも今後の課題としたい。

僭越ではあるものの、この本は私たちにとっての公共図書館を考える上での一助になればと考え、また、厳しい環境下で奮闘している公共図書館の現場の方々のエールになればとも思って書いたものだ。多忙な業務の中、取材に応じてくださった図書館やその関係者の方々、また図書館についてすばらしい知見を授けてくださった方々に心から御礼を申し上げたい。特に、慶応義塾大学の糸賀雅児先生、国立国会図書館の柳与志夫先生、アカデミック・リソース・ガイドの岡本真さんには多大なる御指導御鞭撻を賜ったことに感謝申し上げたい。拙く遅い原稿を叱咤激励しながらまとめてくださった編集者の長嶋さんと、支えてくれた家族にもあらためて感謝を伝えたい。国立国会図書館、東京都立図書館、千代田図書館、明治大学図書館にも大変、お世話になった。

最後に、ここまで読んでくださった方へ。あなたの町の図書館と、この本に登場する数々の図書館を比べてみていただきたい。どんな図書館が自分の町にあってほしいか、ほんの少し意識を向けていただければと思う。

二〇一三年九月、ヨーロッパ最大の公共図書館がイギリスのバーミンガム市にオープンした。その開館の式典に招待されたのは、パキスタンで女性が教育を受ける権利を訴え、タリバン勢力に銃撃されたという壮絶な経験を持つマララ・ユスフザイさんだった。現在、イギリスで高校に通うマララさんは、「知に勝る武器はない」と演説した。
公共図書館はその社会の記憶であり、未来の可能性を秘めている。そして、その知への扉はすべての人たちに開かれているのだ。

二〇一三年一〇月　猪谷千香

ちくま新書
1051

つながる図《と》書館《しょかん》

――コミュニティの核《かく》をめざす試《こころ》み

二〇一四年一月一〇日　第一刷発行
二〇二一年一一月五日　第八刷発行

著者　猪谷千香（いがや・ちか）

発行者　喜入冬子
発行所　株式会社 筑摩書房
東京都台東区蔵前二-五-三　郵便番号一一一-八七五五
電話番号〇三-五六八七-二六〇一（代表）
装幀者　間村俊一
印刷・製本　三松堂印刷 株式会社

ISBN978-4-480-06756-2 C0200